講談社 火の鳥 伝記文庫

命《いのち》をてらす愛《あい》

マザー・テレサ

望月正子《もちづきまさこ》 文

丹地陽子《たんじようこ》 絵

はじめに

17歳《さい》のひとりの少女《しょうじょ》が、
ある日《ひ》、大《おお》きな決心《けっしん》をしました。
「一生《いっしょう》を神《かみ》にささげ、
まずしい人《ひと》びとのためにはたらこう。」
それは、子《こ》どものころから心《こころ》にあった思《おも》いでした。
少女《しょうじょ》の名《な》はアグネス・ゴンジャ・ボワジウ。
修道名《しゅうどうめい》はテレサ。
決意《けつい》のとおり、18歳《さい》でインドにわたり、
修道院《しゅうどういん》の中《なか》にある中等学院《ちゅうとうがくいん》の先生《せんせい》になりました。
やがて、カルカッタ（現在《げんざい》のコルカタ）のスラムにとびこみます。
そこには、だれからも声《こえ》をかけられず、

やさしくされず、病気《びょうき》におかされて
死《し》んでゆく人《ひと》がたくさんいました。
「あなたも、この世《よ》にのぞまれて生《う》まれてきた、
大切《たいせつ》な人《ひと》なのですよ。」
そう言《い》って、わけへだてなく、どんな病気《びょうき》の人《ひと》も
心《こころ》をこめて看病《かんびょう》するテレサは、
人《ひと》びとの強《つよ》く生《い》きる力《ちから》となっていったのです。
〈死《し》を待《ま》つ人《ひと》の家《いえ》〉〈孤児《こじ》の家《いえ》〉〈平和《へいわ》の村《むら》〉——。
テレサがつくった施設《しせつ》は世界《せかい》にみとめられ、
1979年《ねん》、ノーベル平和賞《へいわしょう》を受賞《じゅしょう》しました。
たったひとりの意志《いし》と行動《こうどう》が、
世界《せかい》を変化《へんか》させたのはなぜでしょう。
テレサの愛《あい》と勇気《ゆうき》が、人《ひと》びとの心《こころ》をすこしずつむすんでいったのです。

もくじ

1 スラムへの道《みち》

まずしい人《ひと》びとにかかわって

1979年《ねん》12月《がつ》10日《とおか》。ノルウェーの首都《しゅと》オスロは、冬《ふゆ》にはめずらしいほど、よく晴《は》れた日《ひ》でした。

この日《ひ》、オスロ大学大講堂《だいがくだいこうどう》では、その青空《あおぞら》にふさわしく、ノーベル平和賞《へいわしょう》の授賞式《じゅしょうしき》が行《おこな》われることになっていました。

ノーベル平和賞《へいわしょう》とは、スウェーデン生《う》まれの化学者《かがくしゃ》、アルフレッド・ノーベルの遺言《ゆいごん》によってつくられた賞《しょう》のひとつで、世界《せかい》の平和《へいわ》のためにつくした人《ひと》におくられる、特別《とくべつ》に名誉《めいよ》ある賞《しょう》です。

授賞式《じゅしょうしき》は、ノルウェー国王《こくおう》、オラフ5世《せい》をはじめ、ノルウェーを代表《だいひょう》する1000

人《にん》あまりの人《ひと》びとが参列《さんれつ》して行《おこな》われました。

ノルウェー・ノーベル委員会《いいんかい》のサネス委員長《いいんちょう》にうながされて、サリー姿《すがた》の小柄《こがら》なおばあさんが、段《だん》の上《うえ》にあがりました。

サリーはインドの女性《じょせい》の着《き》るはなやかな衣装《いしょう》ですが、その人《ひと》は、白《しろ》い木綿《もめん》の、粗末《そまつ》なサリーを着《き》て、革《かわ》のぞうりをはき、青《あお》みをおびた茶色《ちゃいろ》の瞳《ひとみ》でほほえんでいました。

この人《ひと》こそ、ノーベル平和賞受賞者《へいわしょうじゅしょうしゃ》の、マザー・テレサでした。

サネス委員長《いいんちょう》が、マザーに向《む》かってあいさつをしました。

「心《こころ》から尊敬《そんけい》する、マザー・テレサ。あなたは、長《なが》いあいだ、まずしい人《ひと》びとをはげまし、すくってこられました。わたしたちは、その愛《あい》と行《おこな》いをたたえ、今年《ことし》の平和賞《へいわしょう》をあなたにおくることにしました。これは、わたしたちにとっても、たいへん光栄《こうえい》なことです……。」

つづいて、メダルと賞状《しょうじょう》、賞金《しょうきん》がわたされました。そのひとつひとつをわたすたび、背《せ》の高《たか》いサネス委員長《いいんちょう》は、小柄《こがら》なマザーのためにかがみこみました。

会場《かいじょう》から、温《あたた》かい笑《わら》いと拍手《はくしゅ》がわきあがりました。

マザーは、うれしそうに拍手《はくしゅ》にこたえ、よく通《とお》る声《こえ》で、受賞《じゅしょう》の言葉《ことば》を述《の》べました。

「わたしは、みなさんがお考《かんが》えのような、平和賞《へいわしょう》にふさわしい者《もの》ではありません。でも、世界中《せかいじゅう》のまずしい人《ひと》びとのなかの、もっともまずしい人《ひと》びとへの栄誉《えいよ》としてお受《う》けすることにしました。世界中《せかいじゅう》のまずしい人《ひと》びとにかわって、いただきます。」

ふたたび、大《おお》きな拍手《はくしゅ》が起《お》こりました。

マザーは、さらにつづけて言《い》いました。

「わたしには、受賞《じゅしょう》の晩餐会《ばんさんかい》はいりません。どうぞそのお金《かね》を、まずしい人《ひと》たちのためにお使《つか》いください……。」

スピーチが終《お》わっても、参列者《さんれつしゃ》の拍手《はくしゅ》は、いつまでもいつまでもつづきました。

「世界中《せかいじゅう》のまずしい人《ひと》びとにかわって……。」というマザーの言葉《ことば》は、会場《かいじょう》にいた人《ひと》びとの胸《むね》を打《う》ちました。

そして、授賞式《じゅしょうしき》のようすをつたえる新聞《しんぶん》やテレビによって、世界中《せかいじゅう》の人《ひと》びとの胸《むね》を

ゆさぶりました。
人《ひと》びとは、マザーこそ、ノーベル平和賞《へいわしょう》に、もっともふさわしい人《ひと》だとたたえました。
『ノーベル平和賞《へいわしょう》、スラムの聖女《せいじょ》に
テレサ尼《に》　インドで奉仕《ほうし》三十年《ねん》』
これは、マザー・テレサの受賞《じゅしょう》を知《し》らせた日本《にっぽん》の新聞《しんぶん》の見出《みだ》しです。
インドの町《まち》、カルカッタで、長《なが》いあいだ、不幸《ふこう》な人《ひと》びとをすくってきた仕事《しごと》がみとめられ、えらばれたと書《か》いてありました。
「スラムの聖女《せいじょ》」とは……マザー・テレサとは、どんな人《ひと》なのでしょうか。

アグネスの夢《ゆめ》

マザー・テレサは、1910年《ねん》8月《がつ》26日《にち》に、東《ひがし》ヨーロッパにある現在《げんざい》のマケドニア〔1〕の、古《ふる》い美《うつく》しい町《まち》、スコピエで生《う》まれました。

本名《ほんみょう》は、アグネス・ゴンジャ・ボワジウといい、両親《りょうしん》はアルバニア人《じん》でした。父《ちち》のニコラは商人《しょうにん》で、兄《あに》や姉《あね》もいる、にぎやかで、笑《わら》い声《ごえ》のたえない家庭《かてい》でした。

アグネスは、公立《こうりつ》の学校《がっこう》に入《はい》りましたが、両親《りょうしん》が熱心《ねっしん》なキリスト教《きょう》（カトリック）の信者《しんじゃ》でしたから、小《ちい》さいときから教会《きょうかい》へ通《かよ》っていました。

一家《いっか》は、家族《かぞく》そろって教会《きょうかい》に行《い》きお祈《いの》りするのをいちばん大事《だいじ》にしていました。

家族《かぞく》は音楽《おんがく》が大《だい》すきでみんな楽器《がっき》を演奏《えんそう》します。

アグネスもすこし大《おお》きくなると、マンドリンの弾《ひ》きかたをおぼえてしまい、一家《いっか》そろってマンドリンを演奏《えんそう》し、家《いえ》に集《あつ》まるお客《きゃく》さまをもてなすこともありました。

そんな幸《しあわ》せな家庭《かてい》に、とつぜん不幸《ふこう》がおそいました。

アグネスが8歳《さい》のとき、お父《とう》さんが亡《な》くなったのです。

だれにでも親切《しんせつ》で、明《あか》るく活動的《かつどうてき》なお父《とう》さんでしたから、家《いえ》にはいろんな人《ひと》が出入《でい》りしていましたが、急《きゅう》にさびしくなりました。

お母《かあ》さんは、あまりの悲《かな》しみに力《ちから》を落《お》とし、家《いえ》にこもってしまいました。

そんなときでも、ふだんからごはん時《どき》になると家《いえ》に来《き》て、いっしょに食《た》べていた知《し》り合《あ》いのまずしい家族《かぞく》はやってきました。

お母《かあ》さんはそれまで、食事時《しょくじどき》にまずしい人《ひと》びとがやってくると、

「あたたかい愛《あい》の心《こころ》でむかえいれてあげましょう。」

「たとえひと口《くち》でも、ほかの人《ひと》たちと分《わ》けあわずに食《た》べてはいけませんよ。」

と、子《こ》どもたちに教《おし》えていました。

「そうだわ。お父《とう》さんが亡《な》くなって貧乏《びんぼう》になっても、みんな食《た》べていかなくてはならないわね。」

と、お母《かあ》さんは、お金持《かねも》ちに買《か》ってもらうための、きれいな刺繡《ししゅう》の小物《こもの》づくりや縫《ぬ》い

[1] 1991年《ねん》、多民族国家《たみんぞくこっか》のユーゴスラビアの解体《かいたい》により独立《どくりつ》した。1910年当時《ねんとうじ》は、オスマントルコ帝国《ていこく》の支配下《しはいか》にあった。

物《もの》をせっせと始《はじ》めました。でも、以前《いぜん》の生《い》き生《い》きしたお母《かあ》さんとはちがいました。

アグネスは、ときどき、お母《かあ》さんの奉仕活動《ほうしかつどう》にくっついて、まずしい人《ひと》びとの家《いえ》に行《い》っていました。そのときのお母《かあ》さんを思《おも》いだし、

「お母《かあ》さん、いつもからだを洗《あら》ってあげていたおばあさんも、きっと待《ま》っているわ。」

と、外《そと》に出《で》て元気《げんき》になるようはげましました。

そうして、まずしくはなったけれど、お母《かあ》さんはふたたび奉仕活動《ほうしかつどう》にもはげみ、家《か》族《ぞく》そろって教会《きょうかい》に通《かよ》う日々《ひび》がもどりました。

アグネスはとくに歌《うた》がじょうずで、すきでした。おねえさんといっしょに、教会《きょうかい》の聖歌隊《せいかたい》に入《はい》り、ソロを歌《うた》うこともありました。

好奇心《こうきしん》が強《つよ》く、想像力豊《そうぞうりょくゆた》かなアグネスは、教会《きょうかい》をとりまく環境《かんきょう》のなかで、さまざまな体験《たいけん》をしていきました。

神父《しんぷ》さまは、若者《わかもの》の活動《かつどう》に熱心《ねっしん》で、神《かみ》さまの教《おし》えのほかに、科学《かがく》や文学《ぶんがく》、演劇《えんげき》や音《おん》楽《がく》の話《はなし》もしてくれました。

本《ほん》を読《よ》むこともすきだったアグネスは、神父《しんぷ》さまがつくった図書室《としょしつ》で、たくさんの本《ほん》を読《よ》みました。そして、世界《せかい》の広《ひろ》いこと、いろんな国《くに》があることを学《まな》びました。

そんな中《なか》でアグネスは、アッシジの聖《せい》フランシスコのことも知《し》りました。お金持《かねも》ちの家《いえ》に生《う》まれたフランシスコが、その豊《ゆた》かさをすて、自分《じぶん》もまずしくなって苦《くる》しんでいる人《ひと》を助《たす》ける修道者《しゅうどうしゃ》の道《みち》をえらんだこと。豊《ゆた》かにくらしてもみたされなかった心《こころ》が、まずしく死《し》にそうなハンセン病《びょう》にかかった人《ひと》の手《て》に口《くち》づけをしたら、ふわっと軽《かる》くなり、なにものにも代《か》えられないほど幸《しあわ》せに思《おも》えたこと。そして「小《ちい》さき兄弟会《きょうだいかい》」という修道会《しゅうどうかい》をつくったことなどなど。アグネスは胸《むね》がいっぱいになりました。

こうしてアグネスは、15歳《さい》のおちゃめでかしこい少女《しょうじょ》に成長《せいちょう》しました。

そのころアグネスは、「いつかわたしは、神《かみ》さまに仕《つか》える人《ひと》になるのだわ。」と、なんとなく思《おも》っていました。それは、12歳《さい》のとき、教会《きょうかい》でお祈《いの》りしていて、「まずしい人《ひと》に仕《つか》えなさい。」という、神《かみ》さまの声《こえ》を聞《き》いたように思《おも》ったからです。でも一方《いっぽう》で、「将来《しょうらい》は、すきな歌《うた》を歌《うた》う音楽家《おんがくか》か、詩《し》を書《か》く作家《さっか》になりたいわ。」と、ずっとあこがれていました。

ある日《ひ》、アグネスは神父《しんぷ》さまから、遠《とお》いインドという国《くに》へ行《い》った、宣教師《せんきょうし》のことを聞《き》きました。

「なぜ、そんなに遠《とお》くへ行《い》くの。」

と、首《くび》をかしげるアグネスに、神父《しんぷ》さまはやさしく教《おし》えてくれました。

「宣教師《せんきょうし》はね、神《かみ》の教《おし》えを広《ひろ》めるために、どこへでも行《い》くんだよ。とくにインドには、まずしくて苦《くる》しんでいる人《ひと》がたくさんいるんだ。その人《ひと》たちに、キリストの愛《あい》をつたえ、すくってあげなければならないからね。」

アグネスは、インドという国《くに》があること、よその国《くに》へ行《い》って、まずしい人《ひと》びとのためにはたらく宣教師《せんきょうし》がいることを知《し》りました。

神父《しんぷ》さまは、それからも、インドへ行《い》った宣教師《せんきょうし》からの手紙《てがみ》が来《く》るたびに、インドのようすを話《はな》してくれました。

アグネスも、そのたびに、アッシジの聖《せい》フランシスコのことを思《おも》いだしました。そして、「わたしも、まずしい人《ひと》びとの力《ちから》になれるかしら……。」と、ふと思《おも》いました。

でも、やさしい母《はは》や兄《あに》、姉《あね》たちとはなれて、たったひとりで遠《とお》い国《くに》へ行《い》くなんて、思《おも》っただけでさびしくなってしまいます。

「世界中《せかいじゅう》のまずしい人《ひと》びとが、幸《しあわ》せになれますように……。」

アグネスは、いつもそう祈《いの》っていました。

やがて、その祈《いの》りが、

「わたしも、一生《いっしょう》を神《かみ》にささげ、まずしい人《ひと》びとのためにはたらこう。」

というたしかなものになったのは、アグネスが、17歳《さい》のときでした。

ある日《ひ》、アイルランドに本部《ほんぶ》をおくロレット修道会《しゅうどうかい》が、宣教《せんきょう》のために、修道女《しゅうどうじょ》をインドに行《い》かせていることを知《し》りました。

アグネスは、神父《しんぷ》さまに聞《き》いた、インドのまずしい人《ひと》びとの話《はなし》を思《おも》いだしました。

そして、アッシジの聖《せい》フランシスコの話《はなし》を知《し》ったときのように、胸《むね》がふるえました。

「わたしは、12歳《さい》のあのころから、今日《きょう》のような日《ひ》が来《く》るのを、ねがっていたような気《き》がするわ。」

アグネスは、そう思《おも》えてなりません。

もうすぐ、女学校《じょがっこう》も卒業《そつぎょう》します。

「これはきっと、インドへ行《い》って、イエスさまのことを、まずしい人《ひと》びとに知《し》らせてあげるようにという、イエスさまのおみちびきにちがいないわ。」

アグネスは、修道女《しゅうどうじょ》になる決心《けっしん》をすると、家族《かぞく》に話《はな》しました。

家族《かぞく》はみんな、びっくりしました。

でも、みんな、熱心《ねっしん》なカトリック信者《しんじゃ》でしたから、アグネスの願《ねが》いはよくわかりました。それに、小《ちい》さいころから考《かんが》え深《ぶか》く、がんばりやで、よいと思《おも》ったことはどこまでもやりとおすアグネスのことを、信《しん》じていました。

それでもお母《かあ》さんは、よくよく言《い》いました。

「アグネス、修道女《しゅうどうじょ》として行《い》くからには、二度《にど》とこの家《いえ》にはもどれないと思《おも》わなくて

はいけないんですよ。それでもいいのね。」

アグネスは、しっかりとうなずきました。

「そうですか。それなら、これからはイエスの手《て》をにぎり、イエスだけとともに行《い》きなさい。前《まえ》だけを見《み》て進《すす》みなさい。」

こうしてアグネスは、ロレット修道会《しゅうどうかい》に入会《にゅうかい》するため、修道会《しゅうどうかい》の本部《ほんぶ》があるダブリンへ行《い》きました。

そしてまもなく「インドではたらきたい。」というアグネスの願《ねが》いは、聞《き》きいれられました。

ロレット修道会《しゅうどうかい》の一員《いちいん》として、何人《なんにん》かのシスターたちといっしょに、いよいよインドへ派遣《はけん》されることが決《き》まったのです。

1928年《ねん》、アグネスが18歳《さい》のときでした。

この年《とし》の10月《がつ》、アグネスは、修道名《しゅうどうめい》をテレサとつけられました。

これは、「小《ちい》さき花《はな》」とたたえられた19世紀《せいき》フランスの修道女《しゅうどうじょ》、聖《せい》テレジアにちなんでつけられたといいます。

アグネス・ゴンジャ・ボワジジウは、この日《ひ》から、シスター・テレサ（テレサ修道《しゅうどう》女《じょ》）とよばれるようになりました。

修道女《しゅうどうじょ》への道《みち》

インドへの旅《たび》は、長《なが》い長《なが》い船《ふね》の旅《たび》でした。

アイルランドを出《で》て地《ち》中海《ちゅうかい》からスエズ運河《うんが》を通《とお》り紅海《こうかい》をぬけると、アラビア海《かい》に出《で》ます。船《ふね》はさらに、インド半島《はんとう》の南《みなみ》の先《さき》をまわって、ベンガル湾《わん》に入《はい》り、ようやくカルカッタへと、1か月《げつ》あまりかかりました。

行《い》けども行《い》けども海《うみ》ばかり。そのうえ、赤道《せきどう》に近《ちか》い航路《こうろ》なので、その暑《あつ》さといったらありません。

「カルカッタも暑《あつ》いところと聞《き》いていたけれど、どんなところかしら……ずいぶん遠《とお》

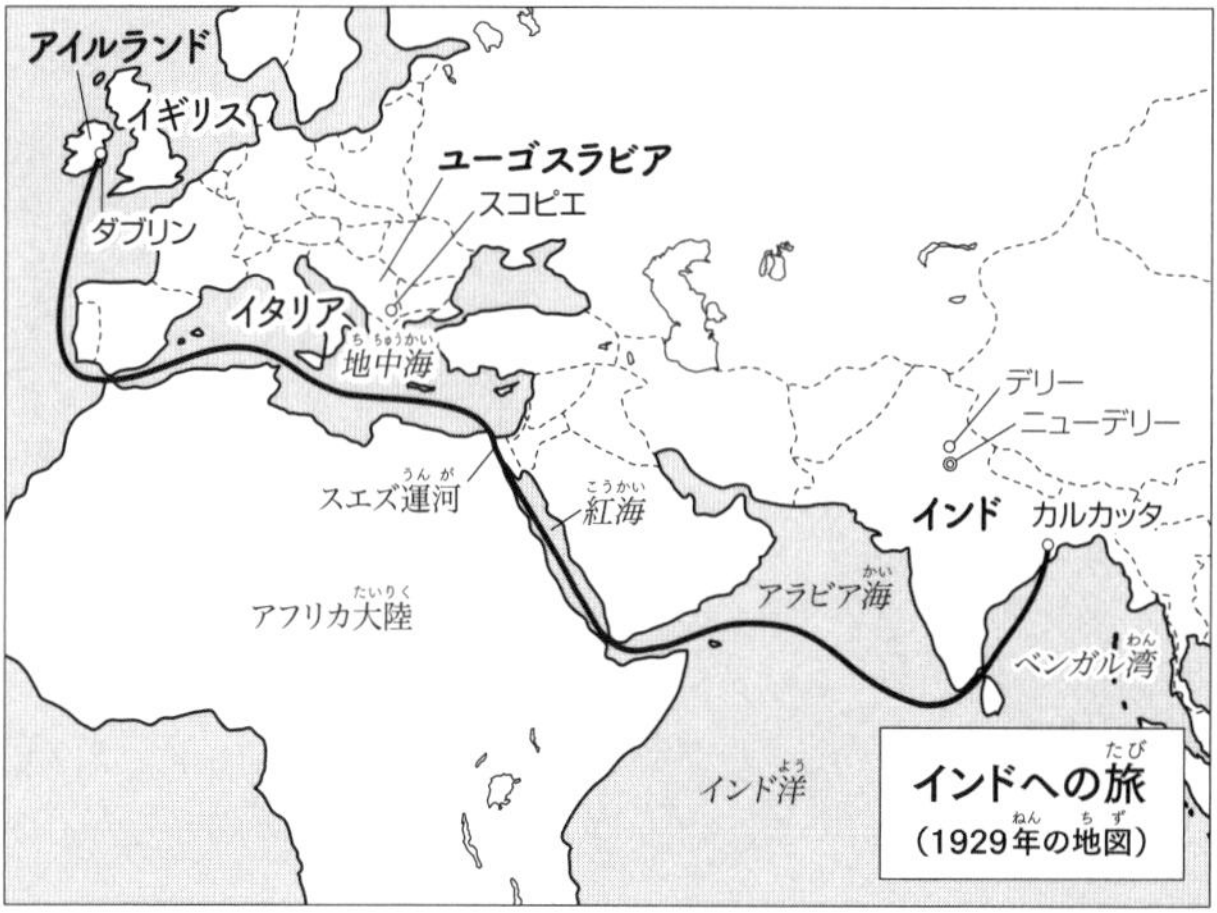

インドへの旅《たび》
（1929年《ねん》の地図《ちず》）

くへ来《き》てしまったんだわ……。」

シスター・テレサは、甲板《かんぱん》に出《で》て、夕日《ゆうひ》が海《うみ》にしずんでいくのをながめながら、心《こころ》細《ぼそ》くなったこともありました。

長《なが》い航海《こうかい》のあいだに、シスター・テレサは、こんな詩《し》を書《か》いていました。

わたしは大好《だいす》きな家《いえ》を去《さ》っていく
そして愛《あい》する国《くに》を。
わたしは行《い》く　蒸《む》し暑《あつ》いベンガルへ
遠《とお》い岸辺《きしべ》へ。
わたしは去《さ》っていく　昔《むかし》の友《とも》だちから

家族《かぞく》と家庭《かてい》を顧《かえり》みず
心《こころ》はわたしを前進《ぜんしん》させる
キリストに仕《つか》えるために。

大好《だいす》きなママ、さようなら
神《かみ》がみんなと共《とも》にありますように。
より高《たか》い力《ちから》がわたしを引《ひ》っ張《ぱ》っています、
灼熱《しゃくねつ》のインドへ。

船《ふね》はゆっくりと先《さき》へ進《すす》む
大海原《おおうなばら》の波《なみ》を砕《くだ》いて、
わたしの目《め》は見《み》つめる、最後《さいご》に、
大好《だいす》きなヨーロッパの岸辺《きしべ》を。

勇気《ゆうき》をもってデッキに立《た》つ
わたしの顔《かお》には喜《よろこ》びと平和《へいわ》、
キリストの幸《しあわ》せな小《ちい》さき者《もの》よ、
彼《かれ》の新《あたら》しい花嫁《はなよめ》になろうとして。

（以下省略《いかしょうりゃく》。『惜別《せきべつ》』より）

でも、すぐに、「インドには、神《かみ》の愛《あい》が必要《ひつよう》な人《ひと》がたくさんいるんだよ。」という神《しん》父《ぷ》さまの話《はなし》を思《おも》いだしました。

インドは、３０００年《ねん》以上《いじょう》も昔《むかし》から、職業《しょくぎょう》などによって、身分《みぶん》がきびしく分《わ》けられていた国《くに》でした。お金持《かねも》ちとまずしい人《ひと》のくらし方《かた》の差《さ》が、とてもはげしい国《くに》ともいわれています。

「そうだったわ。わたしも早《はや》くりっぱなシスターになって、インドの人《ひと》びとに、イエスさまの愛《あい》を知《し》らせてあげなくては……。」

シスター・テレサは、あらたな希望《きぼう》に胸《むね》をときめかせるのでした。

1929年《ねん》1月6日《がつむいか》、やっとカルカッタに着《つ》くと、シスター・テレサはまもなく汽《き》車《しゃ》に乗《の》り、カルカッタの北《きた》、ダージリンにある、ロレット修道院《しゅうどういん》へ行《い》きました。

ダージリンは、ヒマラヤ山脈《さんみゃく》の山《やま》すそに、イギリス人《じん》が開《ひら》いた有名《ゆうめい》な避暑地《ひしょち》です。

インドは長《なが》いあいだ、イギリスの植民地《しょくみんち》として、イギリスにおさめられていました。

シスター・テレサの行《い》ったころも、まだそれがつづいていましたから、大都市《だいとし》カルカッタにも、イギリス人《じん》の役人《やくにん》や商人《しょうにん》が、おおぜい住《す》んでいました。

ダージリンは、そのイギリス人《じん》やインド人《じん》のお金持《かねも》ちたちが、別荘《べっそう》をたて、すずしい休日《きゅうじつ》をすごしに行《い》くところだったのです。

人《ひと》びとは、馬《うま》に乗《の》ったりダンスをしたり、ヒマラヤ山脈《さんみゃく》の雄大《ゆうだい》なながめを楽《たの》しんだりしていました。

シスター・テレサは、聞《き》いていたインドとはあまりにちがうので、不思議《ふしぎ》に思《おも》いました。

ロレット修道院《しゅうどういん》に着《つ》いたシスター・テレサには、その日《ひ》から、きびしい勉強《べんきょう》が待《ま》っていました。

神《かみ》のしもべとして、ふさわしい者《もの》になれますように……。

神《かみ》のお声《こえ》を聞《き》くことができますように……。

シスター・テレサたちの勉強《べんきょう》とは、朝《あさ》から晩《ばん》まで祈《いの》ることでした。その祈《いの》りの修練《しゅうれん》をとおして、自分《じぶん》の道《みち》をもとめていくのです。

こうして、ダージリンのロレット修道院《しゅうどういん》での、ひたすら神《かみ》に祈《いの》り、教育者《きょういくしゃ》になるための勉強《べんきょう》をする2年間《ねんかん》がすぎました。

1931年《ねん》5月《がつ》25日《にち》、シスター・テレサははじめて、誓願《せいがん》とよぶ神《かみ》への誓《ちか》いを立《た》てました。清貧《せいひん》（まずしい人《ひと》と同《おな》じように自分《じぶん》もまずしくなる）、貞潔《ていけつ》（結婚《けっこん》せず、キリストにすべてをささげる）、従順《じゅうじゅん》（キリストの望《のぞ》みに心《こころ》から素直《すなお》にしたがう）の3つの誓願《せいがん》を立《た》て、修道女《しゅうどうじょ》としての第一歩《だいいっぽ》をふみだしました。

シスター・テレサは、まもなく、カルカッタにあるロレット修道院《しゅうどういん》にうつりました。

カルカッタは、ガンジス川《がわ》の支流《しりゅう》、フーグリー川《がわ》ぞいにある、インド第《だい》一の商業都市《しょうぎょうとし》です。19世紀《せいき》のイギリスのインド進出《しんしゅつ》とともに、貿易港《ぼうえきこう》として発展《はってん》し、イギリスのインド支配《しはい》の中心《ちゅうしん》となってきたところです。のどかなダージリンとは打《う》ってかわって、おそろしくそうぞうしい町《まち》でした。

大都市《だいとし》カルカッタには、広大《こうだい》なインドの各地《かくち》から、おおぜいの人《ひと》が集《あつ》まっていました。

ヨーロッパではキリスト教《きょう》、日本《にっぽん》では仏教《ぶっきょう》を信《しん》じる人《ひと》が多《おお》いように、インドでは大《だい》部分《ぶぶん》の人《ひと》がヒンズー教《きょう》を信《しん》じています。

そのほかにも、イスラム教《きょう》、シーク教《きょう》、ジャイナ教《きょう》、ゾロアスター教《きょう》、それにキリスト教《きょう》、仏教《ぶっきょう》など、多《おお》くの宗教《しゅうきょう》があり、さまざまな人種《じんしゅ》が、さまざまな言葉《ことば》を使《つか》っていました。

カルカッタでは、それらの人《ひと》びとが交《ま》じりあってくらしていました。

ロレット修道院《しゅうどういん》は、まずしい人《ひと》びとだけが住《す》むスラムや町工場《まちこうば》、鉄道《てつどう》の駅《えき》などに囲《かこ》まれた、カルカッタでも、もっともまずしい人《ひと》びとが集《あつ》まっている地区《ちく》にありました。

シスター・テレサは、この修道院《しゅうどういん》の敷地《しきち》の中《なか》にある、聖《せい》マリア女子中等学院《じょしちゅうとうがくいん》の先生《せんせい》になりました。修道女《しゅうどうじょ》として、地理《ちり》のほかに、イエスの心《こころ》をつたえるのです。

きちんと制服《せいふく》を着《き》て、芝生《しばふ》の庭《にわ》のあるこの学校《がっこう》に通《かよ》ってくる生徒《せいと》たちは、ほとんど、お金持《かねも》ちや役人《やくにん》など、めぐまれた家《いえ》の子《こ》どもでした。

シスター・テレサは、生徒《せいと》たちに、心《こころ》をこめてまずしい人《ひと》びとへの神《かみ》の愛《あい》を説《と》きました。

話《はな》し好《ず》きでユーモアがある、小柄《こがら》なシスター・テレサのまわりには、いつも生徒《せいと》たちがいました。

生徒《せいと》たちは、聖堂《せいどう》にひざまずいて、真剣《しんけん》に祈《いの》るシスター・テレサの姿《すがた》を、しっかり心《こころ》にきざみつけていました。

シスター・テレサには、教《おし》えることも祈《いの》ることも、大《おお》きな喜《よろこ》びでした。

こうしてシスター・テレサは、一生《いっしょう》をイエスにささげ、シスターとして生《い》きる自信《じしん》を深《ふか》めました。

はじめて修道女《しゅうどうじょ》として誓《ちか》いを立《た》ててから、6年《ねん》がすぎた1937年《ねん》、シスター・テレサは、清貧《せいひん》、貞潔《ていけつ》、従順《じゅうじゅん》を一生誓《いっしょうちか》う、終生誓願《しゅうせいせいがん》を立《た》てました。

もう、なにがあっても、修道女《しゅうどうじょ》をやめることはゆるされません。でも、修道女《しゅうどうじょ》になることは、家族《かぞく》とわかれ、スコピエを旅立《たびだ》ったときから、テレサが心《こころ》に決《き》め、ねがいつづけてきたことでした。

「神《かみ》が願《ねが》いを受《う》けいれてくださいました。」と、テレサは、スコピエの家族《かぞく》にも知《し》らせ、よろこびました。

終生誓願《しゅうせいせいがん》を立《た》てたこの日《ひ》から、シスター・テレサはマザー・テレサとよばれるようになりました。

神《かみ》の声《こえ》

マザー・テレサは、まもなく聖《せい》マリア学院《がくいん》の校長《こうちょう》になりました。

マザー・テレサの、神《かみ》の愛《あい》をつたえる仕事《しごと》は、熱心《ねっしん》につづけられました。

でも、一方《いっぽう》では、修道院《しゅうどういん》の外《そと》のようすが、とても気《き》になりました。

清潔《せいけつ》な修道院《しゅうどういん》の敷地《しきち》の外《そと》へ一歩《いっぽ》出《で》ると、やせて、目《め》のかがやきをうしなった人《ひと》びとが、おそろしいほどたくさん、うろうろしていました。町《まち》には、ごみがあふれ、いやなにおいを放《はな》っています。そして、道路《どうろ》にまでテントをはって、たくさんの人《ひと》が住《す》みつき、そのテントにも入《はい》れない人《ひと》びとが、ごみにまみれてうずくまっていました。

インドでは、世界中《せかいじゅう》をまきこんでふきあれた第二次世界大戦《だいにじせかいたいせん》が終《お》わったあと、長《なが》かったイギリス支配《しはい》からぬけでて、独立《どくりつ》しようという運動《うんどう》が高《たか》まっていました。

ところが、同《おな》じインドのなかで、信《しん》じる宗教《しゅうきょう》により考《かん》え方《かた》のちがう人《ひと》びとが、あらそうようになりました。いちばんはげしくあらそったのが、ヒンズー教徒《きょうと》とイスラム教徒《きょうと》でした。

とくに、カルカッタあたりのベンガル地方《ちほう》（現在《げんざい》のインドの西《にし》ベンガル州《しゅう》とバングラデシュをふくむ地域《ちいき》）は、ふたつに分《わ》かれてたたかうことになり、たくさんの人《ひと》が、殺《ころ》されたり家《いえ》を焼《や》かれたりして、カルカッタへのがれてきました。

大都市《だいとし》カルカッタは、そのために、家《いえ》もなく、家族《かぞく》とはなればなれになった人《ひと》びとで、人口《じんこう》がふくれあがってしまったのです。

マザー・テレサたちは、この人《ひと》びとを、学校《がっこう》の一部《いちぶ》で休《やす》ませたり、食《た》べものをあたえたりしました。

でも、そんなことぐらいで、追《お》いつくはずもありません。

マザー・テレサはなやみました。

「わたしは、なにもかもととのった学校《がっこう》で、めぐまれた子《こ》どもたちに神《かみ》の愛《あい》を教《おし》えている。けれど、神《かみ》の愛《あい》をほんとうに必要《ひつよう》としているのは、あのまずしい人《ひと》びとではないのだろうか。わたしは、あの人《ひと》びとの力《ちから》になるためにインドに来《き》たのだった……。」

マザー・テレサの心《こころ》の中《なか》は、迷《まよ》いでいっぱいになりました。

1946年《ねん》9月《がつ》10日《とおか》。マザー・テレサは、たったひとりで、ダージリン行《い》きの汽車《きしゃ》に乗《の》りました。インドに来《き》て、最初《さいしょ》に行《い》ったロレット修道院《しゅうどういん》へ、1年《ねん》に1回《かい》の、大事《だいじ》な黙想《もくそう》をしにいくのです。黙想《もくそう》とは、特別《とくべつ》に時間《じかん》をとってお祈《いの》りをすることで、修道《しゅうどう》女《じょ》のつとめでした。

マザー・テレサは、汽車《きしゃ》に乗《の》ると、聖書《せいしょ》を開《ひら》きましたが、カルカッタの町《まち》のようすが、目《め》のおくにちらついて、落《お》ちつきません。

道《みち》ばたにたおれて、そのまま死《し》んでしまったお年寄《としよ》り……すてられた赤《あか》ちゃん……飢《う》えて病気《びょうき》になった人《ひと》……家《いえ》もないまずしい人《ひと》びと……神《かみ》は、あの人《ひと》びとになにをおのぞみだろうか……。

マザー・テレサは、いつのまにか、熱心《ねっしん》に祈《いの》っていました。

そのとき、マザー・テレサの心《こころ》に、はっきりとした声《こえ》が聞《き》こえました。

――あなたは、すべてをすてて、スラムに出《で》なさい。そこで、もっともまずしい人《ひと》びとのなかのキリストに仕《つか》えなさい――。

マザー・テレサは、その呼《よ》びかけが、イエスの声《こえ》だと、すぐわかりました。

「神《かみ》さま、わたしは、あなたのおのぞみどおりにいたします。」

まずしい人《ひと》びとのためにはたらきたいという、マザー・テレサの少女時代《しょうじょじだい》の夢《ゆめ》を、神《かみ》ものぞまれたのです。

マザー・テレサは、走《はし》る汽車《きしゃ》の中《なか》で、感謝《かんしゃ》の祈《いの》りをささげました。36歳《さい》のときでした。

粗末《そまつ》なサリーに着《き》かえて

マザー・テレサは、神《かみ》の声《こえ》にみちびかれて、まずしい人《ひと》びとのなかではたらこうと決心《けっしん》しました。

けれども、ひとたびロレット修道会《しゅうどうかい》のシスターになると、勝手《かって》に修道院《しゅうどういん》の外《そと》に出《で》てはたらいてはいけないという決《き》まりがありました。

そこでマザー・テレサは、インドのカトリック教会《きょうかい》の神父《しんぷ》やシスターたちの上《うえ》に立《た》つ指導者《しどうしゃ》の、ペリエ大司教《だいしきょう》に、何度《なんど》も手紙《てがみ》でおねがいしました。

「マザー・テレサ、気持《きも》ちはわかりました。けれども、終生誓願《しゅうせいせいがん》を立《た》てたシスターが、修道院《しゅうどういん》の外《そと》に出《で》てはたらくには、ローマ教皇《きょうこう》のおゆるしがいります。ロレット修《しゅう》道会《どうかい》の本部《ほんぶ》に連絡《れんらく》して、あなたが直接《ちょくせつ》、手紙《てがみ》で教皇《きょうこう》におねがいできるよう、相談《そうだん》しましょう。」

そう言《い》って大司教《だいしきょう》は、マザー・テレサのために、力《ちから》をつくしてくださいました。

ローマ教皇《きょうこう》というのは、世界中《せかいじゅう》のカトリック信者《しんじゃ》の指導者《しどうしゃ》で、フランシスコ会《かい》、ロレット会《かい》などという、あらゆる修道会《しゅうどうかい》の、もっとも上《うえ》に立《た》つ人《ひと》です。

マザー・テレサは、そのころの教皇《きょうこう》ピオ12世《せい》に手紙《てがみ》を書《か》きました。

「……わたしは、まずしい人《ひと》びとのなかのもっともまずしい人《ひと》びとに仕《つか》えたいと思《おも》います。これは、神《かみ》がわたしにのぞまれたことです。どうぞ、わたしをまずしい人《ひと》びとのところに、つかわせてくださいますよう……。」

マザー・テレサの、この願《ねが》いがかなえられ、ローマ教皇《きょうこう》からのゆるしがとどいたのは、1948年《ねん》の夏《なつ》のことでした。マザー・テレサが、ダージリン行《い》きの汽車《きしゃ》の中《なか》で神《かみ》の声《こえ》を聞《き》いてから、1年半《ねんはん》がすぎていました。

こうして、マザー・テレサは、20年《ねん》も住《す》みなれた、静《しず》かで平和《へいわ》なロレット修道院《しゅうどういん》を出《で》て、スラムではたらけることになりました。

マザー・テレサは、市場《いちば》でインドの女性《じょせい》が着《き》るサリーを買《か》いました。それは、白《しろ》い木綿《もめん》でできた、青《あお》い線《せん》の入《はい》った粗末《そまつ》なサリーでした。青《あお》は、聖母《せいぼ》マリアさまの美《うつく》しい心《こころ》を表《あらわ》す色《いろ》です。

青《あお》みをおびた茶色《ちゃいろ》の目《め》のシスターが、まずしい人《ひと》の着《き》る、安物《やすもの》のサリーを買《か》ったので、店《みせ》の人《ひと》が不思議《ふしぎ》そうな顔《かお》をしました。

マザー・テレサは、いたずらっぽくわらって言《い》いました。

「これが、わたしにはいちばんふさわしいのですよ。」

インドのまずしい人《ひと》びとといっしょにすごすため、まずしい人《ひと》と同《おな》じ安物《やすもの》のサリーを着《き》るのは、あたりまえだと思《おも》っていました。

マザー・テレサは、ロレット修道院《しゅうどういん》を出発《しゅっぱつ》する日《ひ》、修道服《しゅうどうふく》をぬいで、その白《しろ》いサリーを着《き》ました。

サリーは、長《なが》い1枚《まい》の布《ぬの》を、からだにまきつけるようにして着《き》る衣装《いしょう》です。

そして、キリスト教信者《きょうしんじゃ》のあかしである十字架《じゅうじか》を、サリーの左肩《ひだりかた》にとめました。

マザー・テレサは、パトナ行《い》きの夜行列車《やこうれっしゃ》の切符《きっぷ》と、たった5ルピー（およそ20

りますから……。

0円《えん》）しか持《も》っていませんでしたが、平気《へいき》でした。すべて、神《かみ》さまにおまかせしてあ

マザー・テレサ。38歳《さい》の、新《あたら》しい旅立《たびだ》ちでした。

最初《さいしょ》にマザー・テレサは、ヴァン・エグゼム神父《しんぷ》の助言《じょげん》にしたがって、アメリカ人《じん》の修道女《しゅうどうじょ》、マザー・デンゲルが病院《びょういん》を開《ひら》いているパトナへ行《い》きました。

パトナは、ガンジス川《がわ》をさかのぼった中流《ちゅうりゅう》に開《ひら》けた古都《こと》ですが、毎年《まいとし》のように、かんばつや洪水《こうずい》になやまされ、インドでももっともまずしい地域《ちいき》のひとつです。

病院《びょういん》では、マザー・デンゲルのもとで、たくさんのシスターたちがはたらいていました。

「すこしでも病人《びょうにん》を助《たす》けたいので、ここで看護《かんご》の勉強《べんきょう》をさせてください。カルカッタのまずしい人《ひと》がおおぜい待《ま》っています。大急《おおいそ》ぎでおぼえて行《い》かなければなりません。」

そういうマザー・テレサのたのみに、マザー・デンゲルはあきれて言《い》いました。

「あなたの勇気《ゆうき》ある行《おこな》いは、聞《き》いています。できるだけ応援《おうえん》したいですよ。でも、大《おお》

急《いそ》ぎというのはむずかしい。看護《かんご》の専門《せんもん》知識《ちしき》や実際《じっさい》の訓練《くんれん》には、少《すく》なくとも2年《ねん》は必要《ひつよう》でしょう。」

「2年《ねん》なんてこまります。でも、勉強《べんきょう》はやるしかありませんね。では、いまからすぐ教《おし》えてください。」

パトナに着《つ》いたその日《ひ》から、テレサの、猛勉強《もうべんきょう》が始《はじ》まりました。

マザー・テレサは、小《ちい》さいときからがんばりやでした。こうと決《き》めたら、途中《とちゅう》で投《な》げだしたり、考《かんが》えをかえたりは、けっしてしません。

一日《いちにち》でも早《はや》く、カルカッタに帰《かえ》り、病気《びょうき》で苦《くる》しむ人《ひと》びとの手当《てあ》てができるようにと、ねるまもおしんで学《まな》びました。

とくに、インドに多《おお》い、結核《けっかく》やハンセン病《びょう》については、医師《いし》の手術《しゅじゅつ》の手《て》つだいをしたり、実際《じっさい》に看護《かんご》をしたりして、訓練《くんれん》を重《かさ》ねました。

そして、ほかの人《ひと》の何倍《なんばい》も勉強《べんきょう》し、訓練《くんれん》して、またたくまに3か月《げつ》がすぎました。

ある日《ひ》、マザー・デンゲルが、テレサをよんで言《い》いました。

「あなたのがんばりにはおどろきました。あなたは、2年分《ねんぶん》の勉強《べんきょう》を3か月《げつ》でやりとげてしまったようですね。もうだいじょうぶです。あなたを待《ま》っている人《ひと》びとのところへ、早《はや》く行《い》ってあげなさい。」

「ありがとうございます、マザー。まずしい人《ひと》びとのために、きっと、神《かみ》のお助《たす》けがあったのでしょう。感謝《かんしゃ》します。」

カルカッタにもどったマザー・テレサは、「イエスの小《ちい》さい姉妹《しまい》の友愛会《ゆうあいかい》」という修道会《しゅうどうかい》で、8日間《ようかかん》の黙想《もくそう》をしました。

住《す》むところが決《き》まると、マザー・テレサはさっそく町《まち》へ出《で》て、病人《びょうにん》やけが人《にん》の手当《てあ》てに必要《ひつよう》な薬《くすり》を買《か》いました。

いよいよスラムに出《で》ると、まずしい人《ひと》びとのむれは、また大《おお》きくなっていました。

まえの年《とし》、インドは、長《なが》かったイギリスの支配《しはい》をぬけだし、独立《どくりつ》をはたしました。けれども、その運動《うんどう》のなかで、さまざまな争《あらそ》いが起《お》こり、ようやく独立《どくりつ》したときは、ヒンズー教徒《きょうと》の多《おお》いインドと、イスラム教徒《きょうと》の多《おお》いパキスタンの、ふたつの国《くに》に分《わ》かれてしまいました。そのため、カルカッタのすぐ東《ひがし》どなりの東《ひがし》パキスタン（現在《げんざい》のバングラデシュ）からは、にげだしてくる人《ひと》びとが、あとをたちません。

そのうえ、国内《こくない》の各地《かくち》からも、洪水《こうずい》やひでりで作物《さくもつ》ができずに、食《た》べものにこまった人《ひと》びとが、くらしやすい大都市《だいとし》を目指《めざ》してやってきました。

その人《ひと》たちは、食《た》べるものもなく家《いえ》もなく、病気《びょうき》にでもなれば道《みち》ばたにたおれ、そのまま死《し》ぬしかありませんでした。

こんなひどいありさまのスラムで、150センチメートルほどの小柄《こがら》なマザーが、たったひとりで、なにができるというのでしょうか。

でも、神《かみ》にすべてをおまかせしているマザー・テレサは、落《お》ちついて考《かんが》えました。

「いま、目《め》の前《まえ》でたおれている人《ひと》は、まずしいイエスです。まず、その命《いのち》から助《たす》けなくては……。」

2 スラムの天使《てんし》

スラムの学校《がっこう》

スラムの多《おお》くは、駅裏《えきうら》や港《みなと》の近《ちか》く、川《かわ》の土手下《どてした》や山《やま》かげなど、じめじめしたひくい土地《とち》にありました。水道《すいどう》や排水《はいすい》の設備《せつび》などなくて、いつもじくじくと、しめっていました。

そんなところに、板《いた》やぼろきれで囲《かこ》っただけの小屋《こや》がびっしりならび、まずしい家《か》族《ぞく》づれや病人《びょうにん》、ときには罪《つみ》をおかしてしまった人《ひと》などが、ひしめきあってくらしていました。

そこにいる人《ひと》は、ほとんど仕事《しごと》もなく、くずをひろったり、ものごいをしたりして、その日《ひ》のくらしにもこまる人《ひと》びとでした。

また、そのスラムからもはみだして、寺院《じいん》や映画館《えいがかん》、病院《びょういん》などのそばの道《みち》ばたで、ぼろにくるまってくらしている人《ひと》びともいました。

カルカッタでは、100万人《まんにん》とも、150万人《まんにん》ともいわれる人《ひと》びとが、そんなスラムや路上《ろじょう》でくらしていました。

マザーはまず、駅裏《えきうら》に広《ひろ》がるスラムに入《はい》っていきました。

くずれかけた小屋《こや》やものかげから、いぶかしげに、マザーを見《み》つめる大人《おとな》たちがいます。

小屋《こや》からとびだして、めずらしそうに、マザーのあとをついてくる子《こ》どもたちもいます。

マザーは、そのだれにも、にこにことわらいかけました。それは、食《た》べるものもなく、ひとりぼっちのさびしい人《ひと》びとを、ほっとさせる笑顔《えがお》でした。

ぞろぞろとついてきた子《こ》どもたちが、マザーの前《まえ》に、まっ黒《くろ》な手《て》をさしだして言《い》いました。

「おばさん、金《かね》おくれ。」

「なにか、おめぐみを。」

「ごめんなさい。わたしもまずしくて、お金《かね》のない修道女《しゅうどうじょ》なのよ。でも、あなたたちのなかで、病気《びょうき》やけがでこまっている人《ひと》がいたら、手当《てあ》てをしてあげますよ。」

マザーはそう言《い》って、子《こ》どもたちを見《み》まわしました。

どの子《こ》もひどくよごれていて、ぼろぼろの半《はん》ズボンのほかは、はだかで、はだしでした。

でも、どの子《こ》の目《め》もきらきらかがやいています。

ひとりの子《こ》が、はずかしそうに、手足《てあし》をつきだしてきました。見《み》ると、何日《なんにち》も洗《あら》ってないような、よごれたひふに、できものや引《ひ》っかき傷《きず》がいっぱいあります。よく見《み》ると、それが、ひとりやふたりではありません。

マザーは、その子《こ》たちを、水《みず》くみ場《ば》につれていくと、肩《かた》からさげていたふくろから石《せっ》けんを出《だ》して、ていねいに洗《あら》ってやりました。そして、薬《くすり》をぬりながら言《い》いまし

た。

「明日《あす》も、またつけてあげます。でも、からだをよく洗《あら》って、いつも清潔《せいけつ》にしておかなくては、なおりませんよ。」

子《こ》どもたちは、にいっとわらってうなずきました。

そのとき、なかのひとりが、

「家《いえ》で、おばあちゃんがねてるんだ。」

と言《い》って、マザーの手《て》を引《ひ》っぱります。

マザーはその子《こ》につれられて、近《ちか》くの小屋《こや》に行《い》き、おばあさんのようすを見《み》ました。

そんなふうにして、マザーはその日《ひ》、子《こ》どもたちに引《ひ》っぱられて、5軒《けん》の家《いえ》をまわり、病人《びょうにん》に薬《くすり》をあげたり、相談《そうだん》にのったりしました。

そのあいだも、子《こ》どもたちは、ぞろぞろついて歩《ある》きました。

マザーは考《かんが》えました。

（まずしいために、学校《がっこう》にも行《い》けない子《こ》は、字《じ》を知《し》らないから本《ほん》も読《よ》めない。読《よ》み書《か》きができなければ、まともな仕事《しごと》にもつけない。仕事《しごと》につけなければまずしい……。こんなふうに、まずしさがぐるぐる回《まわ》りをしているスラムで、この子《こ》たちも一生《いっしょう》をすごすのだろうか。この大《おお》きなまずしさのなかで、この子《こ》たちのために、わたしになにができるだろう……。）

気《き》がついたら、すぐ実行《じっこう》するのがマザーです。短《みじか》い棒《ぼう》をひろうと、ちょっとした広《ひろ》場《ば》に行《い》き、子《こ》どもたちをすわらせました。

「ねえ、みんな。これ、なんて読《よ》むか知《し》ってる。」

マザーは、棒《ぼう》で地面《じめん》に、ベンガル語《ご》の文字《もじ》をいくつか書《か》きました。

ベンガル語《ご》は、インドにあるたくさんの言語《げんご》のなかでも、カルカッタ周辺《しゅうへん》のベンガル地方《ちほう》で使《つか》われている言葉《ことば》です。

みんな、きょとんとして、地面《じめん》の字《じ》と、マザーの顔《かお》を見《み》くらべています。

マザーは、1字《じ》ずつ、棒《ぼう》でさししめしながら、声《こえ》に出《だ》して読《よ》みました。

すると、子《こ》どもたちは、マザーのまねをしては、ころころとわらいました。書《か》いたり読《よ》んだり、くりかえしくりかえしやっているうちに、マザーは心《こころ》に決《き》めました。

(これでも教《おし》えられるわ。ほんのすこしずつでも、やらないよりはいいもの。できることからやろう。)

次《つぎ》の日《ひ》、マザーが出《で》かけていくと、子《こ》どもたちが待《ま》ちかまえていました。

昨日《きのう》、マザーに薬《くすり》をもらった人《ひと》から話《はなし》を聞《き》いたと、病気《びょうき》の相談《そうだん》にくる大人《おとな》も、あちこちから出《で》てきました。

マザーは、その人《ひと》たちの話《はなし》をていねいに聞《き》いてやり、手当《てあ》てをしたり、注意《ちゅうい》をしたり、目《め》の回《まわ》るようないそがしさでした。

子《こ》どもたちは、あいかわらず、マザーのあとを、ぞろぞろついて歩《ある》きます。

マザーは、昨日《きのう》と同《おな》じように水《みず》くみ場《ば》に行《い》って、まず子《こ》どもたちにからだを洗《あら》わせました。そして、病気《びょうき》をふせぐためにも、からだを清潔《せいけつ》にするようにと教《おし》えました。

「じゃあ、次《つぎ》は学校《がっこう》ね。」

そう言《い》ってマザーが歩《ある》きだすと、子《こ》どもたちは、口々《くちぐち》にぶつぶつ言《い》いました。

「ぼくたち、学校《がっこう》へは行《い》けないんだよ。」

「学校《がっこう》なんてきらいだよ。」

「お金《かね》がないから、行《い》かないよ。」

マザーは、昨日《きのう》の広場《ひろば》の木《こ》かげにすわって、手《て》まねきしました。

「ここは青空学校《あおぞらがっこう》だもの、なんにもいらないから、みんないらっしゃい。」

「なあんだ、学校《がっこう》ってここだったの。」

と言《い》って、マザーのそばにしゃがみこむ子《こ》もいましたが、

「勉強《べんきょう》なんて、したくないっ。」

と、かけていってしまう子《こ》もいました。

マザーは、だまってわらっていました。

その日《ひ》からマザーは、ベンガル語《ご》に英語《えいご》や算数《さんすう》、それに時計《とけい》の読《よ》み方《かた》など、すこし

ずつ、やさしく教《おし》えていきました。

子《こ》どもたちは、すんだ目《め》をきらきらさせて、毎日集《まいにちあつ》まってきました。

青空学校《あおぞらがっこう》へ集《あつ》まる子《こ》どもの数《かず》は、日《ひ》に日《ひ》に多《おお》くなっていきました。はじめは、勉強《べんきょう》がきらいだとにげだした子《こ》どもたちも、いつのまにか、顔《かお》を見《み》せるようになっていました。

そんなマザーと子《こ》どもたちを、遠巻《とおま》きにして、大人《おとな》たちがのぞいていることもありました。

青空学校《あおぞらがっこう》には、あいかわらず、黒板《こくばん》もノートもありません。マザーの言《い》うとおりに、子《こ》どもたちがくりかえして発音《はつおん》したり、棒《ぼう》で地面《じめん》に書《か》いたりしているだけでした。

集《あつ》まってくる子《こ》どもの数《かず》はどんどんふえて、1週間《しゅうかん》もすると100人近《にんちか》くになりました。

字《じ》をおぼえたい、いろんなことを知《し》りたいという子《こ》どもが、こんなにもたくさんいたのです。もう、マザーひとりの手《て》には負《お》えません。

そんなとき、聖《せい》マリア学院《がくいん》の生徒《せいと》が3人《にん》、マザーをたずねてきました。

「マザー、わたしたちにも、お手《て》つだいができますか。」

「できますとも。よく来《き》てくれました。あなたがたは、神《かみ》さまのおつかいですね。」

マザーは大喜《おおよろこ》びで、手《て》つだってもらうことにしました。

若《わか》いおねえさんたちが、先生《せんせい》になってくれるというのですから、子《こ》どもたちもよろこびました。

そこで、大《おお》きい子《こ》どもと小《ちい》さい子《こ》どもを、ふたつの組《くみ》に分《わ》けて、交代《こうたい》で教《おし》えることにしました。

そうするうちに、自分《じぶん》の建物《たてもの》を、学校《がっこう》として使《つか》ってもいいという人《ひと》があらわれました。

また、お金《かね》を寄付《きふ》してくれる人《ひと》も出《で》てきました。その人《ひと》たちは言《い》いました。

「外国人《がいこくじん》のマザーが、インドのまずしい子《こ》どもたちのために、はたらいてくださるのです。インド人《じん》のひとりとして、わたしにもできることをやらせてください。」

マザーは、神《かみ》がこの仕事《しごと》をよろこんでくださったのだと考《かんが》え、その人《ひと》たちの寄付《きふ》を受《う》けました。

こうして、青空学校《あおぞらがっこう》を始《はじ》めて、まだいくらもたたないうちに、粗末《そまつ》だけれど屋根《やね》のある、ほんとうの学校《がっこう》ができたのです。

マザーは、まずしい人《ひと》びとのためにという道《みち》を、確実《かくじつ》に歩《ある》きはじめました。

神《かみ》の愛《あい》の宣教者会《せんきょうしゃかい》

子《こ》どもたちの勉強《べんきょう》を、学生《がくせい》が見《み》てくれると、マザーは、時間《じかん》にゆとりができました。そこでまた、スラムをたびたびまわるようになりました。

病人《びょうにん》のいる小屋《こや》に行《い》くと、ていねいに話《はなし》を聞《き》いてやり、薬《くすり》をあたえました。

母乳《ぼにゅう》の出《で》ないお母《かあ》さんのために、食《た》べものを分《わ》けてあげることもありました。他人《たにん》から、親身《しんみ》になって、話《はな》しかけられたり、話《はなし》を聞《き》いてもらったりしたことのない人《ひと》びとは、それだけでなくさめられ、生《い》きる勇気《ゆうき》がわいてきました。

そういうマザーの働《はたら》きは、いつのまにか、人《ひと》から人《ひと》へとつたわって、食《た》べものやお金《かね》を寄付《きふ》してくれるお金持《かねも》ちも、少《すこ》しずつ出《で》てきました。

マザーは、これらのお金《かね》で、薬《くすり》や食《た》べものを買《か》いもとめ、まずしい人《ひと》びとに、分《わ》けてあげることができたのです。

インドには、さまざまな宗教《しゅうきょう》を信《しん》じる人《ひと》が交《ま》じりあってくらしていますが、マザーはその人《ひと》たちに、キリスト教《きょう》をつたえ、カトリックの教《おし》えを広《ひろ》めようという宣教師《せんきょうし》です。そのマザーを、ヒンズー教徒《きょうと》やイスラム教徒《きょうと》のインド人《じん》が、援助《えんじょ》してくれるというのです。マザーは、神《かみ》の意志《いし》を感《かん》じずにはいられませんでした。

マザーは、いただいたものはすべて、まずしい人《ひと》びとにあたえていました。するとまた、神《かみ》のすばらしいおくりものがありました。

マザーが、スラムではたらきはじめて、3か月《げつ》ほどすぎたある日《ひ》のことです。

色《いろ》あざやかなサリーを着《き》た、わかい女性《じょせい》がたずねてきました。

「先生《せんせい》、わたしをおぼえておいでですか。」

「わかりますとも、スバシニ・ダスですね。」

聖《せい》マリア学院《がくいん》の教《おし》え子《ご》のひとりで、カルカッタの有名《ゆうめい》なお金持《かねも》ちの娘《むすめ》でした。

「先生《せんせい》のお手《て》つだいをさせてください。わたしを、まずしい人《ひと》びとのためにお使《つか》いください。」

スバシニは、大《おお》きな目《め》で、マザーをじっと見《み》つめました。

マザーは、うれしさにふるえる胸《むね》をぐっとおさえて、静《しず》かに言《い》いました。

「スバシニ。シスターになるには、温《あたた》かい家庭《かてい》も将来《しょうらい》も、すべてすてなければなりません。ここの仕事《しごと》はたいへんきびしいですよ。よくお考《かんが》えなさい。」

「先生《せんせい》がスラムに出《で》ていかれたと知《し》ったときから、考《かんが》えつづけてきました。そして、一生《いっしょう》を神《かみ》にささげようと決心《けっしん》したのです。先生《せんせい》は、よく『いちばん弱《よわ》い人《ひと》にしてあげることは、イエスさまにしてあげることと同《おな》じです。』と教《おし》えてくれました。ですから、ここではたらきたいのです。」

スバシニは、めぐまれた家《いえ》に育《そだ》ち、高校《こうこう》まで出《で》た娘《むすめ》ですから、このままいけば結婚《けっこん》をして、豊《ゆた》かなくらしができるにちがいありません。それが、インドでは身分《みぶん》がひくいといわれる、もっともまずしい人《ひと》びとのために、一生《いっしょう》をささげようというのです。

マザーは、スバシニの手《て》をにぎりました。

「わかりました。あなたをここへよこしてくださったのは、神《かみ》にちがいありません。よろこんであなたをむかえましょう。」

スバシニは、その日《ひ》から修練者《しゅうれんしゃ》として、白《しろ》い木綿《もめん》のサリーに着《き》かえ、マザーとともにはたらきました。

それからも、マザーのもとで、神《かみ》に仕《つか》えたいという女性《じょせい》たちが、つぎつぎとやってきました。

そのほとんどが、聖《せい》マリア学院《がくいん》で、マザーが教《おし》えた生徒《せいと》たちでした。

マザーは、学院《がくいん》で教《おし》えた17年間《ねんかん》が、むだではなかったと、神《かみ》のおみちびきに感謝《かんしゃ》しました。

そのころ、マザーたちは、町中《まちなか》に部屋《へや》をかりて、いっしょに住《す》んでいました。

スバシニたち修練者《しゅうれんしゃ》は、そこで、シスターになるための、きびしい訓練《くんれん》を受《う》けました。

やがて、スバシニは初誓願《はっせいがん》を立《た》て、シスター・アグネスとよばれるようになりました。

アグネスというのは、マザーの子《こ》どものころの名前《なまえ》と同《おな》じです。マザーを心《こころ》から尊《そん》敬《けい》し、その後《ご》もずっと、マザーの片腕《かたうで》としてはたらくスバシニに、もっともふさわしい修道名《しゅうどうめい》でした。

1950年《ねん》10月《がつ》7日《なのか》。マザーたちのグループは、『神《かみ》の愛《あい》の宣教者会《せんきょうしゃかい》』（ミッショナリイズ・オブ・チャリティ）という、インドのカルカッタ大司教区《だいしきょうく》の新《あたら》しい修道会《しゅうどうかい》として活動《かつどう》することを、ペリエ大司教《だいしきょう》からゆるされました。

シスターが、たった12人《にん》の小《ち》さな修道会《しゅうどうかい》です。

マザーは、『神《かみ》の愛《あい》の宣教者会《せんきょうしゃかい》』の決《き》まりをつくりました。

それは、清貧《せいひん》、貞潔《ていけつ》、従順《じゅうじゅん》という、修道女《しゅうどうじょ》としての約束《やくそく》のほかに、4番目《ばんめ》の誓《ちか》いとして『もっともまずしい人《ひと》びとへの献身《けんしん》』をくわえたものでした。

こうして、マザーとシスターたちは、新《あたら》しい出発《しゅっぱつ》をしました。

この年《とし》は、独立国《どくりつこく》インドの憲法《けんぽう》もできて、新《あたら》しいインドの歩《あゆ》みを始《はじ》めた年《とし》でもありました。また、マザー・テレサはこの年《とし》、国籍《こくせき》を、ユーゴスラビアからインドにうつしました。このときからマザーは、外国人《がいこくじん》ではなく、まずしい人《ひと》びととまったく同《おな》じ、インド人《じん》でした。

でも、ひとつだけちがうことがあります。

それは、左《ひだり》の肩《かた》にとめた、キリストの十字架《じゅうじか》と、いつも持《も》っているロザリオ（じゅずのようなもの）がしめすように、カトリックの修道女《しゅうどうじょ》であるということです。

「マザー、どうしましょう。明日《あす》から食《た》べるものがありません。」

「マザー、薬《くすり》も石《せっ》けんもこれでおしまいです。」

ある朝《あさ》、わかいシスターたちが、心配《しんぱい》そうに言《い》いだしました。

寄付《きふ》してもらった物《もの》やお金《かね》を配《くば》ってしまって、すっからかんになったのです。

「なぜ、そんなことを心配《しんぱい》するのですか。神《かみ》さまは、いつも、わたしたちをお守《まも》りくださっています。さあ、わたしたちは、わたしたちのしなければならないことをやりましょう。」

マザーは、落《お》ちつきはらって言《い》うと、いつものように、町《まち》へ出《で》ていきました。

シスターたちも〈スラムの学校《がっこう》〉へ教《おし》えにいく人《ひと》、病人《びょうにん》の家《いえ》を見《み》まわりにいく人《ひと》、飢《う》えている人《ひと》に食《た》べものを配《くば》りにいく人《ひと》と、それぞれ出《で》ていきました。

その日《ひ》マザーは、スラムではなく、お金持《かねも》ちの家《いえ》がたちならんでいる住宅街《じゅうたくがい》に行《い》きました。そして、一軒《けん》一軒《けん》まわり、「食《た》べものをすてないで、わたしにください。」と、たのんで歩《ある》きました。

お金持《かねも》ちの家《いえ》では、マザーをきたないものでも見《み》るようにして、背《せ》を向《む》ける人《ひと》もいました。でも、カルカッタのお金持《かねも》ちたちは、スラムで、マザーがなにをしているか知《し》っていましたから、お金《かね》やお米《こめ》を出《だ》してくれる人《ひと》もたくさんいました。これも神《かみ》のおめぐみです。

マザーは、シスターたちによく言《い》いました。

「ものごいをするのは、キリストのあとにしたがうことです。はずかしいことではありません。」

シスターたちも、まずしい人《ひと》にあげるものがなくなると、マザーの教《おし》えのように、神《かみ》のあとにしたがい、家々《いえいえ》をまわりました。

それにしても、飢《う》えている人《ひと》が多《おお》すぎました。シスターたちは、自分《じぶん》たちのできる力《ちから》の小《ちい》ささを思《おも》わずにはいられません。

するとマザーは、言《い》いました。

「神《かみ》はいつも、わたしたちがのぞんでいるものを、ちょうどいいときに、おあたえくださいます。」

シスターたちは、その一言《ひとこと》にはげまされ、スラムに出《で》かけていくのです。

そんな『神《かみ》の愛《あい》の宣教者会《せんきょうしゃかい》』に、入《はい》りたいという人《ひと》たちが、つぎつぎとやってきました。

かりている家《いえ》の部屋《へや》をふやしてもらっても、とても入《はい》りきれなくなりました。

そんなとき、イスラム教徒《きょうと》のお金持《かねも》ちが、パキスタンにうつりすむことになり、それまで住《す》んでいた家《いえ》を、安《やす》く売《う》ってくれました。

カルカッタの、ほぼ中心《ちゅうしん》にあるその家《いえ》は、かなり大《おお》きな4階建《かいだ》てのビルでした。

「神《かみ》が、用意《ようい》してくださいました。」

と、マザーたちは修道院《しゅうどういん》ごと、引《ひ》っこしました。

この建物《たてもの》は、マザーハウスとよばれ、その後《ご》ずっと、『神《かみ》の愛《あい》の宣教者会《せんきょうしゃかい》』の修道《しゅうどう》会本部《かいほんぶ》になっています。

このマザーハウスから、シスターや、まだ見習《みなら》いの修練者《しゅうれんしゃ》たちは、スラムに出《で》ていきます。シスターたちは、マザーと同《おな》じ、3本《ぼん》の青《あお》いふちどりのある白《しろ》いサリーを着《き》ています。もちろん、左肩《ひだりかた》をキリスト教《きょう》のあかしである十字架《じゅうじか》でとめて。これが、マザーの修道会《しゅうどうかい》のシスターである印《しるし》でした。

見習《みなら》いの修練者《しゅうれんしゃ》たちは、ただの白《しろ》いサリーを着《き》ます。修練者《しゅうれんしゃ》は、3本《ぼん》の青《あお》いふちどりのあるサリーを着《き》る日《ひ》を夢見《ゆめみ》て、きびしい勉強《べんきょう》と奉仕《ほうし》の日々《ひび》をすごしていました。

あなたも大切《たいせつ》な人《ひと》

カルカッタの夏《なつ》は、建物《たてもの》も道《みち》も焼《や》けつきそうに、太陽《たいよう》がてりつけます。風《かぜ》もない午後《ご》になると、人《ひと》びとは暑《あつ》さをさけて家《いえ》にこもり、町《まち》の中《なか》は死《し》んだように、ひっそりとなります。

スラムでは、ぼろ小屋《ごや》や木《こ》かげからもはみだしてしまった人《ひと》びとが、うろうろと日《ひ》かげをさがしています。

マザーは、そんな人《ひと》たちに声《こえ》をかけながら、通《とお》りを歩《ある》いていきました。

町中《まちじゅう》に、すえたようなにおいが立《た》ちこめ、散《ち》らかったごみがまっ黒《くろ》に見《み》えるほど、はえがたかっていました。

マザーは、そんなごみの中《なか》に、ひからびたようにやせたおばあさんが、たおれているのを見《み》つけました。

ぼろきれのようなサリーから、はみだした手足《てあし》のあちこちに、血《ち》のうみがたまり、そこに、ウジがうごめいていました。

顔《かお》も土色《つちいろ》で、もうとても生《い》きているようには見《み》えませんでした。

マザーは、胸《むね》で十字《じゅうじ》を切《き》って、そこをはなれようとしました。

そのとき、おばあさんの腕《うで》が、ぴくりと動《うご》きました。

「おお、生《い》きている……。」

マザーは夢中《むちゅう》で、ウジやハエをはらいのけると、おばあさんをだきあげました。

おばあさんは、小柄《こがら》なマザーでもだきあげられるほど、小《ちい》さくやせていました。

マザーは、病院《びょういん》へ急《いそ》ぎました。

途中《とちゅう》、木《こ》かげで昼寝《ひるね》をしていた人力車《じんりきしゃ》のおじさんに、乗《の》せてくれるようたのみました。

「運《はこ》んだって、もう助《たす》かりっこないですぜ。」

「それは、神《かみ》さまのお決《き》めになることです。とにかく病院《びょういん》へ急《いそ》いでください。」

「せっかく行《い》っても、こんなお金《かね》のない人《ひと》を、みてくれるかどうか……。」

おじさんは、ぶつぶつ言《い》いながらも、病院《びょういん》まで運《はこ》んでくれました。

やはり、人力車《じんりきしゃ》のおじさんの言《い》ったとおりでした。病院《びょういん》では、よごれて、へんなにおいのするおばあさんを、ちらっと見《み》ただけで、医師《いし》も看護師《かんごし》も、まゆをひそめました。

「先生《せんせい》、この人《ひと》を、すぐに診察《しんさつ》してください。」

「マザー、この病院《びょういん》には、死《し》ぬに決《き》まっている人間《にんげん》をみる余裕《よゆう》はないんですよ。」

「おねがいです。この人《ひと》はまだ生《い》きています。」

「マザー、マザーはたまたま、この人《ひと》を見《み》かけたのでしょうけれど、このカルカッタには、こういう人《ひと》が何百人《なんびゃくにん》といるんですからね。」

医師《いし》は、つめたく言《い》いました。

「たとえ、何百人《なんびゃくにん》のうちのひとりだけでも、わたしはいま、目《め》の前《まえ》にいる人《ひと》の命《いのち》を見《み》すてることはできません。病院《びょういん》が、この人《ひと》を受《う》けいれてくれるまで、ここで待《ま》ちます。」

マザーの、そのきっぱりとした態度《たいど》に、病院《びょういん》もついに負《ま》けて、おばあさんは入院《にゅういん》できることになりました。

病院《びょういん》からの帰《かえ》り道《みち》、マザーは考《かんが》えました。

（あのおばあさんのような人《ひと》が、カルカッタには何百人《なんびゃくにん》もいるというのはほんとうだ。だとすると、いまわたしたちがしなければならないことは、なんだろう……。）

マザーは、いままで、道《みち》ばたで死《し》んでしまった人《ひと》を何人《なんにん》も見《み》てきました。

だれにも見《み》とられず死《し》んだあの人《ひと》たちは、その人《ひと》が死《し》んだことはもちろん、この世《よ》に生《い》きていたことさえ、だれにも知《し》られないままになってしまうのだろうか。

そんなことを、神《かみ》がおゆるしになるはずがない……。たとえ、死《し》ぬとわかっている人《ひと》でも、道《みち》ばたなどではなく、せめて家《いえ》の中《なか》で、安《やす》らかな最期《さいご》をむかえさせてあげたい……。

いままで、いくたび考《かんが》えたことでしょう。

そのたびにマザーは、カルカッタで見《み》たまずしい人《ひと》のあまりの多《おお》さに、打《う》ちのめされそうになりました。

(でも、何百人《なんびゃくにん》のうちのたったひとりでも、いま目《め》の前《まえ》にいる人《ひと》から始《はじ》めるのが、わたしのやり方《かた》なのだから……。)

そこまで考《かんが》えると、マザーは、そのまま市役所《しやくしょ》に向《む》かいました。

マザーは、保健係《ほけんがかり》の窓口《まどぐち》に行《い》くと、考《かんが》えてきたことを話《はな》してたのみました。

「……お世話《せわ》はわたしたちがします。どうかまずしい人《ひと》たちが、ただで休《やす》めるところをあたえてください。」

係《かかり》の役人《やくにん》は、しばらくじっと考《かんが》えていました。やがてほかの役人《やくにん》と、二言《ふたこと》三言《みこと》話《はなし》をすると、マザーに手《て》まねきをして、さっさと外《そと》へ歩《ある》きだしました。

マザーがつれていかれたのは、カルカッタの名所《めいしょ》、カーリー寺院《じいん》でした。

ヒンズー教《きょう》のカーリー女神《めがみ》をまつってある大《おお》きな寺院《じいん》で、カルカッタばかりか、インドの各地《かくち》からおおぜいの人《ひと》がお参《まい》りに集《あつ》まり、いつもにぎわっているところです。

寺院《じいん》のまわりは、大《おお》きなスラムになっていて、商店《しょうてん》や巡礼休憩所《じゅんれいきゅうけいじょ》あたりでは、まずしい人《ひと》びとが観光客《かんこうきゃく》に、ものごいをしていました。また、すぐそばに、ガートとよぶ川《かわ》におりる階段《かいだん》があり、ヒンズー教徒《きょうと》の祈《いの》りのための沐浴《もくよく》（水《みず》あび）をする場《ば》になっています。ここはまた、ヒンズー教徒《きょうと》の死者《ししゃ》を火葬《かそう》するところでもありました。

カルカッタという町《まち》の名《な》は、このカーリーガートが、もとになっているといわれます。

死者《ししゃ》を焼《や》くけむりと、香《こう》のにおいの立《た》ちこめる道《みち》を、マザーたちは歩《ある》いていきました。

市役所《しやくしょ》の役人《やくにん》は、寺院《じいん》の本堂裏《ほんどううら》にある、古《ふる》い大《おお》きな建物《たてもの》にマザーをつれていきました。

中《なか》でたむろしていた人《ひと》たちが、のろのろと外《そと》に出《で》ていきました。

「ここならすぐにでも、ただでおかしします。いまはほとんど使《つか》っていませんから。」

マザーはびっくりしました。

そこは、カーリー寺院《じいん》にお参《まい》りにきた、ヒンズー教徒《きょうと》の、休憩所《きゅうけいじょ》だったのです。

それを、キリスト教徒《きょうと》のマザーに、かしてくれるというのでしょうか。

役人《やくにん》は、心配《しんぱい》そうに言《い》いました。

「キリスト教徒《きょうと》のあなたは、ここでは気《き》に入《い》りませんか。」

「とんでもない。カーリー女神《めがみ》に感謝《かんしゃ》します。さっそく使《つか》わせていただきます。」

マザーと役人《やくにん》は、はじめて、にっこりわらいあいました。

そうと決《き》まったら、さっそく準備《じゅんび》をしなくてはなりません。

マザーは、さっさとそうじを始《はじ》めました。

すると、なにごとかと、外《そと》からようすを見《み》ていた人《ひと》たちが、集《あつ》まってきました。

さっき、この建物《たてもの》から出《で》ていった人《ひと》たちの顔《かお》もあります。市役所《しやくしょ》の役人《やくにん》によると、この空《あ》き家《や》をたまり場《ば》にして、かけごとなどをしていた路上生活者《ろじょうせいかつしゃ》（家《いえ》のない人《ひと》）たちのようです。

マザーは、その路上生活者《ろじょうせいかつしゃ》たちに、にこにこして言《い》いました。

「いいところに来《き》てくれました。あなたたち、このいすを動《うご》かすのを手《て》つだってください。」

マザーの笑顔《えがお》にのせられて、路上生活者《ろじょうせいかつしゃ》たちは、わけもわからずに、そうじの手《て》つだいをしました。

家《いえ》が見《み》つかったことは、マザーハウスのシスターたちにも知《し》らされたので、何人《なんにん》かのシスターもかけつけました。

散《ち》らかっていた大《おお》きな空《あ》き家《や》は、見《み》る見《み》るさっぱりして、簡易《かんい》ベッドも運《はこ》びこまれました。

そして、その日《ひ》のうちに、ゆきだおれていた人《ひと》びとが、つれてこられました。

ひもじさ、病気《びょうき》、けがなどでたおれても、静《しず》かに目《め》をつぶり、ごみやほこりにまみれながら、道《みち》に転《ころ》がっていることしかできなかった人《ひと》びと、だれにも目《め》をとめられず、見《み》すてられていた人《ひと》びとでした。

マザーは、そのひとりひとりの手《て》をとり、

「あなたも、この世《よ》にのぞまれて生《う》まれてきた、大切《たいせつ》な人《ひと》なのですよ。」

と、心《こころ》をこめて話《はな》しかけました。

わかいシスターたちも、てきぱきと手当《てあ》てをしました。

よごれたからだを洗《あら》って、傷《きず》やできものに薬《くすり》をぬり、痛《いた》みに苦《くる》しむ人《ひと》はさすってやり、食《た》べものを口《くち》に運《はこ》んで……シスターたちは笑顔《えがお》をたやさずに、力《ちから》づけます。

そのあいだにも、命《いのち》の火《ひ》が消《き》えていくお年寄《としよ》りもいました。その人《ひと》は、シスターに手《て》をとられ、目《め》になみだをうかべ、

「あ、り、がとう。」

とつぶやいて、静《しず》かに死《し》んでいきました。

この人《ひと》は、この世《よ》を去《さ》るとき、はじめて人間《にんげん》としてあつかわれたのかもしれません。

カルカッタには、道《みち》ばたで生《う》まれ、一生《いっしょう》を道《みち》ばたですごして死《し》んでいく人《ひと》が、たくさんいるといわれます。

「人間《にんげん》にとって、病気《びょうき》よりも、びんぼうよりも悲《かな》しいことは、だれからも相手《あいて》にされないことです。自分《じぶん》は、この世《よ》にいらない人間《にんげん》なのだと思《おも》いこむことです。」

マザーはそう考《かんが》えて、そういう人《ひと》びとにこそ、愛《あい》を注《そそ》ごうとしたのです。

マザーたちの〈死《し》を待《ま》つ人《ひと》の家《いえ》〉の仕事《しごと》は、こうして始《はじ》まりました。

1952年《ねん》8月《がつ》。マザー・テレサ、41歳《さい》。『神《かみ》の愛《あい》の宣教者会《せんきょうしゃかい》』ができて2年後《ねんご》のことでした。

それから、〈死《し》を待《ま》つ人《ひと》の家《いえ》〉には、毎日《まいにち》のように、動《うご》けなくなってたおれていた人《ひと》が、運《はこ》びこまれました。

でも、ヒンズー教《きょう》の寺院《じいん》のわきに、とつぜん、キリスト教《きょう》の施設《しせつ》ができたのですから、すべてがうまくいったわけではありません。

石《いし》を投《な》げられたり、おどされたりは、しょっちゅうでした。そういうときのマザーは、なにも言《い》わないけれど、一歩《いっぽ》も引《ひ》きさがらないという強《つよ》さを見《み》せて、相手《あいて》を見《み》すえ、たじろがせました。

「あの人《ひと》たちは、わたしたちがなにをしてるか知《し》らないのですから、むりもありません。こんなことは、はじめからわかっていました。」

マザーが、それでもここに施設《しせつ》を開《ひら》いたのは、まずしい人《ひと》びとが集《あつ》まるところだったからです。カーリーガートは、ヒンズー教徒《きょうと》の死《し》にゆく場所《ばしょ》でしたから。

ある日《ひ》、「外国人《がいこくじん》の女《おんな》が、まずしい人《ひと》びとを、キリスト教《きょう》に引《ひ》きいれようとしている。すぐにも追《お》いだしてくれ……。」という訴《うった》えが、若者《わかもの》たちから、議会《ぎかい》や警察《けいさつ》に出《だ》されました。

「わかった。約束《やくそく》しよう。だが、わしがこの目《め》で見《み》てからにしたい。」

と言《い》って、引《ひ》きうけた警察署長《けいさつしょちょう》が、〈死《し》を待《ま》つ人《ひと》の家《いえ》〉にやってきました。

その日《ひ》も、瀕死《ひんし》のまずしい人《ひと》が、何人《なんにん》も運《はこ》びこまれ、手当《てあ》てを受《う》けていました。

マザーは、そのとき、栄養失調《えいようしっちょう》で、肌《はだ》にできたできものがやぶれ、ただれてしまっている人《ひと》の看病《かんびょう》をしていました。あたりには、鼻《はな》をつくにおいがただよっています。

署長《しょちょう》は思《おも》わずハンカチで鼻《はな》をおさえると、マザーの仕事《しごと》を見《み》つめました。

マザーは、うじのわいた傷口《きずぐち》をていねいに洗《あら》い、病人《びょうにん》をはげましています。

ぐったりしていた病人《びょうにん》が、口《くち》を動《うご》かして、なにか言《い》いました。とぎれとぎれに、

「く、さ、いでしょう。」

と聞《き》こえました。マザーはにっこりして、

「ええ、においますよ。でも、あなたの苦《くる》しみにくらべたら、においぐらい平気《へいき》です。心配《しんぱい》しないで、元気《げんき》を出《だ》すのですよ。」

マザーの言葉《ことば》に、見《み》ていた署長《しょちょう》はあわてて、鼻《はな》をおさえていたハンカチをはなしました。

その人《ひと》はきっと、いままでまわりの人《ひと》に、傷口《きずぐち》がくさいからといって、近《ちか》づいても

もらえなかったのでしょう。安《やす》らかな顔《かお》で目《め》をとじました。

そのとき、署長《しょちょう》にうったえでていた若者《わかもの》たちが、〈死《し》を待《ま》つ人《ひと》の家《いえ》〉におしかけてきました。

すると署長《しょちょう》は、マザーをかばうように、若者《わかもの》たちの前《まえ》にとびだして、はっきりと言《い》いました。

「わたしは、きみたちに、マザーをとりしまる約束《やくそく》をした。だがそのまえに、きみたちのお母《かあ》さんやねえさんをここにつれてきて、この仕事《しごと》を引《ひ》きうけてくれなくてはだめだ。」

あっけにとられているマザーや若者《わかもの》たちに、署長《しょちょう》は、さらに言《い》いました。

「この寺院《じいん》には、カーリー女神《めがみ》の石像《せきぞう》があるが、マザーは生《い》きたカーリー女神《めがみ》だよ。」

署長《しょちょう》には、死《し》にゆく人《ひと》への、マザーの気持《きも》ちが、その仕事《しごと》ぶりでわかったのです。

この警察署長《けいさつしょちょう》は、その後《ご》もずっと、マザーのよき協力者《きょうりょくしゃ》となってくれました。

マザーたちへのいやがらせは、あちこちから、まだまだつづきました。

そんなある日《ひ》、カーリー寺院《じいん》の前《まえ》に人《ひと》だかりができているので、マザーが行《い》ってみました。すると、カーリー寺院《じいん》の僧侶《そうりょ》が、自分《じぶん》の口《くち》からはきだしたものにまみれて、たおれています。

コレラらしいと言《い》って、だれひとり起《お》こしてやろうともしません。

マザーはすぐ、その人《ひと》をだきおこし、いっしょにいたシスターと、〈死《し》を待《ま》つ人《ひと》の家《いえ》〉に、運《はこ》びこみました。

まもなく、その僧侶《そうりょ》は亡《な》くなりました。

マザーは、カーリー寺院《じいん》に連絡《れんらく》し、ヒンズー教《きょう》のやり方《かた》でほうむってもらいました。

このことがあってから、マザーたちへのいやがらせは、ぱったりなくなりました。〈死《し》を待《ま》つ人《ひと》の家《いえ》〉のようすが、みんなによく知《し》られるようになったからでしょう。

このようなマザーの活動《かつどう》に、心《こころ》を打《う》たれた人《ひと》たちが、つぎつぎに手《て》つだいを申《もう》しでました。修道女《しゅうどうじょ》として一生《いっしょう》をささげようと、『神《かみ》の愛《あい》の宣教者会《せんきょうしゃかい》』に入会《にゅうかい》する人《ひと》も、どんどんふえました。
マザーを必要《ひつよう》とする人《ひと》も、まだまだたくさんいました。
ぼろきれのようにすてられるのは、お年寄《としよ》りや、病気《びょうき》の人《ひと》ばかりではなかったのです。

命《いのち》はいかすもの

インドでは、町《まち》の中《なか》でも、歩《ある》いているのは人間《にんげん》ばかりではありません。ニワトリ、カラス、ハト、オウム、ウシ、ブタ、ヤギ、サル、ネコ、そして、ぞろぞろといるイヌたちが、人間《にんげん》と同《おな》じように、歩《ある》いたりねそべったりしていました。

インドでは、ウシはシヴァ神《しん》（ヒンズー教《きょう》の神《かみ》）の乗《の》り物《もの》で、神聖《しんせい》なもの、ヤギはカーリー女神《めがみ》にささげるものというように、動物《どうぶつ》は大切《たいせつ》にされています。たとえ、ハエやカといえども、たたきつぶしたりはしませんでした。

ですから、動物《どうぶつ》たちの出《だ》すふんも、スラムのにおいの原因《げんいん》のひとつでした。

こういうスラムを歩《ある》いていると、まずしい人《ひと》びとの、さまざまな場面《ばめん》に出会《であ》います。

地面《じめん》に、死体《したい》のように転《ころ》がって、ねている人《ひと》もいました。

道《みち》ばたで、わずかな食《た》べものを、煮炊《にた》きしている人《ひと》もいました。

通《とお》りかかる人《ひと》を見《み》れば、あわれな声《こえ》で「おめぐみを……。」と、ものごいをする人《ひと》もいました。

ひと目《め》で、ハンセン病《びょう》にかかっているとわかるような、人《ひと》もいました。

でも、これらの人《ひと》は、まだ歩《ある》けます。

マザーがいちばん心《こころ》をいためたのは、自分《じぶん》の足《あし》で歩《ある》くこともできず、大声《おおごえ》で助《たす》けをもとめることもできない、生《う》まれたばかりの赤《あか》ちゃんが、すてられていることでした。

ある日《ひ》、マザーは、カラスの群《む》れがあさっているごみ箱《ばこ》の中《なか》に、生《う》まれたばかりの赤《あか》ちゃんを見《み》つけました。マザーはその子《こ》を急《いそ》いでひろいあげ、マザーハウスにつれて帰《かえ》りました。

きれいにからだを洗《あら》って手当《てあ》てをしましたが、すこしおそすぎました。赤《あか》ちゃんは亡《な》くなりました。でも、ごみ箱《ばこ》の中《なか》で、カラスにつつかれながらではなく、やわらかい布《ぬの》にくるまれ、マザーにだかれて、天国《てんごく》へ行《い》くことができました。

「でも、それだけでいいはずがない。」

と、マザーは思《おも》いました。

(夢《ゆめ》と希望《きぼう》にみちあふれているはずのおさない命《いのち》が、まずしいからといって、このような目《め》にあうのを、神《かみ》がおゆるしになるはずがありません。)

マザーたちは、それまでも、見《み》つければかならずひろいあげ、つれて帰《かえ》っていました。

ミルクをすう力《ちから》もない赤《あか》ちゃんを、ねないで看病《かんびょう》したこともあります。どんなに手《て》をつくしても、死《し》んでしまった子《こ》もいました。

やさしい世話《せわ》で、見《み》る見《み》る元気《げんき》をとりもどし、よその家《いえ》にもらわれていった子《こ》もいました。

でも、すて子《ご》は、あとをたちませんでした。

ときには、マザーがひろってくれるといううわさをたよりに、わざわざマザーハウスの前《まえ》に、すてていく親《おや》もいました。

赤《あか》ちゃんの親《おや》たちだって、ほんとうはすてたくないのです。あまりにまずしく、どうしても育《そだ》てられなくて、しかたなくすてているのでしょう。

「どんな子《こ》でも、神《かみ》さまのおくりものです。命《いのち》はいかすもの。親《おや》から、生《う》まれたことをよろこばれない子《こ》どもたちのための家《いえ》をつくり、わたしたちで育《そだ》てましょう。」

マザーは、そう決心《けっしん》しました。

幸《さいわ》い、マザーハウスのすぐ近《ちか》くに、寄付《きふ》してもらった家《いえ》がありました。

マザーたちは、その家《いえ》を〈孤児《こじ》の家《いえ》〉として、すてられた子《こ》や、親《おや》のない子《こ》どもたちを、受《う》けいれることにしました。

〈孤児《こじ》の家《いえ》〉には、さっそく、何人《なんにん》かの、すて子《ご》がひろわれてきました。

シスターたちは、まずその子《こ》たちをきれいに洗《あら》って、やわらかい服《ふく》に着《き》かえさせ、温《あたた》かいミルクを飲《の》ませました。

なかには、骨《ほね》と皮《かわ》だけのようにやせた子《こ》もいました。

かれ木《き》のような手足《てあし》をしているのに、おなかばかりふくらんだ、ひと目《め》で栄養失調《えいようしっちょう》とわかる子《こ》もいました。

重《おも》い病気《びょうき》にかかっている子《こ》や、生《う》まれつき足《あし》の悪《わる》い子《こ》もいました。

殺《ころ》されそうになったことをしめすように、首《くび》に、ひものあとのある子《こ》もいました。

そんな子《こ》どもたちのなかには、つれてこられても、1時間《じかん》で死《し》んでしまう子《こ》もいました。

10日《とおか》も病気《びょうき》とたたかって、力《ちから》つきてしまった子《こ》もいました。

「それでも、来《き》てもらいたいのです。だれにも愛《あい》されないまま、見《み》すてられたまま死《し》ぬようなことはさせたくありません。赤《あか》ちゃんでさえ、それはわかるのですから。」

マザーはそう信《しん》じて、できるかぎりの愛《あい》を注《そそ》ぎました。

泣《な》いてばかりいるやせほそった赤《あか》ちゃんたちは、やさしい世話《せわ》や、温《あたた》かなミルクで、健康《けんこう》な姿《すがた》になっていきます。だきあげると、手足《てあし》をぱたぱたさせて、にこっとわらいかえしてくれます。

マザーもシスターたちも、赤《あか》ちゃんたちの笑顔《えがお》を見《み》るだけで、どんなつかれもわすれてしまいました。

「なんてすばらしい仕事《しごと》でしょう。」

この喜《よろこ》びに元気《げんき》づけられ、だれもが顔《かお》をかがやかせて、仕事《しごと》にはげむのでした。

その後《ご》、〈孤児《こじ》の家《いえ》〉には、道《みち》ばたでひろわれた子《こ》どもたちのほかに、病院《びょういん》や警察《けいさつ》からも、身《み》よりのない子《こ》どもたちが送《おく》られてくるようになりました。

また、刑務所《けいむしょ》の中《なか》で生《う》まれた赤《あか》ちゃんが、来《く》ることもありました。

マザーは、その子《こ》どもたちを、ひとりとしてことわったことはありませんでした。

「どんなに多《おお》くても、多《おお》すぎるということはありません。きっと神《かみ》さまのおはからいがあるのでしょう。」

マザーは、いつもそう言《い》いました。

〈孤児《こじ》の家《いえ》〉は、広《ひろ》い中庭《なかにわ》のある、コンクリートづくりの2階建《かいだ》てです。

生《い》きることをゆるされた子《こ》どもたちは、ここで、マザーやシスターたちの愛《あい》につつまれてくらしています。

高《たか》い塀《へい》に囲《かこ》まれたその中《なか》には、診療所《しんりょうじょ》と、かなり大《おお》きな台所《だいどころ》があって、食《た》べるもののないスラムの人《ひと》たちのために、ささやかな食《た》べものが用意《ようい》されています。

病気《びょうき》に苦《くる》しむ人《ひと》は、診療所《しんりょうじょ》でみてもらえるし、飢《う》えに苦《くる》しむ人《ひと》は、じゅうぶんではないけれど、給食《きゅうしょく》を受《う》けることができるようになっているのです。

こうして、〈孤児《こじ》の家《いえ》〉は、『神《かみ》の愛《あい》の宣教者会《せんきょうしゃかい》』の活動《かつどう》の中心《ちゅうしん》となっていきました。

マザーが、スラムでまずしい人《ひと》びとに奉仕《ほうし》するようになって7年目《ねんめ》。その仕事《しごと》も、〈スラムの学校《がっこう》〉〈死《し》を待《ま》つ人《ひと》の家《いえ》〉〈孤児《こじ》の家《いえ》〉と、大《おお》きくなりました。

大《おお》きくなるたびに、マザーの言《い》う、「神《かみ》さまのおはからい」がありました。お金《かね》がなくなり、食《た》べものの心配《しんぱい》をするころになると、不思議《ふしぎ》なことに、だれかから寄付《きふ》がありました。

そして、人手《ひとで》が足《た》りなくなると、

「わたしにも、お手《て》つだいができますか。」

と言《い》って、さまざまな人《ひと》が助《たす》けてくれました。

診療《しんりょう》を引《ひ》きうけてくれる医師《いし》。給食《きゅうしょく》を手《て》つだってくれる女性《じょせい》、病人《びょうにん》の世話《せわ》をしてくれる学生《がくせい》……、それは、国《くに》のちがいや宗教《しゅうきょう》のちがい、インドに根強《ねづよ》くのこっている身分《みぶん》のちがいをこえて、いつのまにか広《ひろ》がっていたのです。

マザーやシスターたちの、まずしい人《ひと》びとへの愛《あい》の姿《すがた》が、そうさせずにはおかなかったのでしょう。

〈孤児《こじ》の家《いえ》〉の子《こ》どもたちは、マザーを見《み》ると、先《さき》をあらそって、だっこをせがみます。

マザーは、ひとりのこらず、公平《こうへい》にだっこして、ほおずりをしました。

「きみは、大《おお》きくなったら、なんになるのかな。」

「ぼく、マザー・テレサになる。」

子《こ》どもたちは、マザーの力《ちから》のもとなのです。

神《かみ》は見《み》すてない

1957年《ねん》のことでした。

「マザー、助《たす》けてください。わたしは学校《がっこう》も出《で》ましたし、会社《かいしゃ》でもよい地位《ちい》についていました。ところが、わたしの顔《かお》がまともじゃないと言《い》ってやめさせられ、家族《かぞく》にも追《お》いだされてしまったのです。」

そう言《い》って、マザーハウスにかけこんできた男《おとこ》の人《ひと》がいました。

その人《ひと》の顔《かお》は、まゆ毛《げ》がぬけて、目《め》や鼻《はな》のまわりにこぶのようなものがあり、明《あき》らかにハンセン病《びょう》と思《おも》われました。

ハンセン病《びょう》は、放《ほう》っておくと、ひふに斑点《はんてん》ができたり、手足《てあし》の指先《ゆびさき》や鼻《はな》や耳《みみ》の形《かたち》がかわったりして、やがては、神経《しんけい》もおかされてしまうという病気《びょうき》です。

いまはよい薬《くすり》もできて、早《はや》く治療《ちりょう》さえすれば、完全《かんぜん》になおりますが、昔《むかし》はなおらない病気《びょうき》といわれ、ひどくおそれられていました。病気《びょうき》になったとわかれば、この人《ひと》のように、仕事先《しごとさき》から追《お》われ、家族《かぞく》にも見《み》すてられ、スラムで、ものごいをするしかなかったのです。だから、かくそうとして治療《ちりょう》がおくれたり、お金《かね》がなくて病院《びょういん》にかかれなかったりする人《ひと》も多《おお》く、病気《びょうき》をなおりにくくさせていました。

インドでは、そのころ、このハンセン病患者《びょうかんじゃ》が700万人《まんにん》、カルカッタだけでも30万人以上《まんにんいじょう》いるといわれていました。

このようなハンセン病《びょう》にかかった人《ひと》を、スラムでもよく見《み》かけ、マザーも心《こころ》をいためていました。でも、治療《ちりょう》をしようとすると、どこかにとじこめられるのかと、にげてしまう人《ひと》が多《おお》かったのです。なかには、

「手当《てあ》てなんかしてもらっちゃあ、ものごいするのに、あわれそうじゃなくなっちまうよ。」

と言《い》う人《ひと》もいました。

（キリストは、「わたしは飢《う》えていた。はだかだった。病気《びょうき》だった……。」とおっしゃっている。いま、目《め》の前《まえ》にいるこの人《ひと》は、姿《すがた》はちがっていても、病《や》めるキリストと同《おな》じなのだ……。アッシジの聖《せい》フランシスコも、ハンセン病患者《びょうかんじゃ》のなかにキリストをごらんになっている……。）

マザーは、男《おとこ》の人《ひと》に、きっぱりと言《い》いました。

「わかりました。だれでも治療《ちりょう》にこられるような、専門《せんもん》の診療所《しんりょうじょ》をつくりましょう。ハンセン病《びょう》は不名誉《ふめいよ》なことではなく、病気《びょうき》なのです。治療《ちりょう》さえすれば、きっとまた、はたらけます。」

男《おとこ》の人《ひと》は、ほっとしたように言《い》いました。

「じつはマザー、マザーのところで治療《ちりょう》してくれるなら受《う》けたいと、何人《なんにん》か、もう集《あつ》まっているんです。」

「やりますとも、それでは一日《いちにち》も早《はや》く始《はじ》めなくてはなりませんね。」

マザーは、すぐに市役所《しやくしょ》へ行《い》きました。

スラムに、寄付《きふ》してもらった土地《とち》があったので、そこにハンセン病専門《びょうせんもん》の診療所《しんりょうじょ》をつくるようにたのんだのです。

ところが市役所《しやくしょ》では、

「住民《じゅうみん》がこわがります。許可《きょか》できません。」

と、ことわられました。ほんとうの理由《りゆう》は、えらい役人《やくにん》の家《いえ》が近《ちか》くにあるからだったのです。

でも、マザーはへこたれません。

「それがだめなら、あっちの広場《ひろば》、こっちの空《あ》き地《ち》と、まわっていって治療《ちりょう》しましょう。そのほうがかえって、たくさんの人《ひと》の手当《てあ》てができますね。」

こうして、移動診療《いどうしんりょう》が始《はじ》まりました。

すると、「ハンセン病《びょう》にかかったら、もう死《し》ぬまでスラムをはいまわるしかない。」と、あきらめていた人《ひと》たちが、おずおずと治療《ちりょう》を受《う》けるようになりました。マザーがスラムの小屋《こや》をたずねると、にげる人《ひと》が多《おお》かったときのことが、うそのようです。

「つらかったでしょう。」

と、シスターたちが、ひふがくずれかけた足《あし》でも、やさしく洗《あら》って、薬《くすり》をぬってくれました。

だれからもきらわれ、石《いし》を投《な》げられていた人《ひと》びとです。シスターが、やさしくしてくれると言《い》って、なみだぐむ人《ひと》もいました。

病人《びょうにん》のなかには、かなり症状《しょうじょう》のすすんだ人《ひと》もいます。

マザーは、一日《いちにち》も早《はや》く、入院《にゅういん》させられる診療所《しんりょうじょ》をつくりたいとかけまわりました。

そしてようやく、カルカッタから30キロメートルほどはなれた、チタガールという町《まち》の、国鉄線路《こくてつせんろ》の横《よこ》にある空《あ》き地《ち》を、ただでかりることができました。

チタガールは、フーグリー川《がわ》ぞいにありました。製紙工場《せいしこうじょう》や発電所《はつでんしょ》のある工業地帯《こうぎょうちたい》で、ハンセン病患者《びょうかんじゃ》の多《おお》いところでもありました。マザーたちは、その空《あ》き地《ち》に、まず、竹《たけ》と、あしの葉《は》であんだ小屋《こや》を急《いそ》いでつくりました。

専門《せんもん》の医師《いし》も来《き》てくれました。パトナの病院《びょういん》で、特別《とくべつ》に看護《かんご》の訓練《くんれん》を受《う》けたシスターたちも来《き》ました。

そして、さっそく治療《ちりょう》を始《はじ》めました。

これまで、放《ほう》っておかれた患者《かんじゃ》たちが、ぞくぞくとやってきました。

一方《いっぽう》で、重症者《じゅうしょうしゃ》を入院《にゅういん》させる病棟《びょうとう》づくりも始《はじ》まりました。

ハンセン病《びょう》は、まずしい人《ひと》たちだけの病気《びょうき》ではありません。

そのころ、カルカッタの市役所《しやくしょ》で、高《たか》い地位《ちい》にあった人《ひと》が、ハンセン病《びょう》にかかっているとわかりました。するとたちまち、家族《かぞく》からもうとまれ、追《お》いだされてしまいました。

「わたしはヒンズー教徒《きょうと》ですから、いままで、マザーの活動《かつどう》をよく思《おも》っていませんでした。それでも治療《ちりょう》してくれますか。」

と言《い》って、マザーのところへやってきました。

この人《ひと》は、自分《じぶん》が他人《たにん》からうとまれる病気《びょうき》にかかってはじめて、弱《よわ》い者《もの》はマザーよりほかにたよるところがないことを知《し》ったのです。

マザーは、にっこりわらって言《い》いました。

「もちろんですとも、元気《げんき》を出《だ》してください。神《かみ》は、あなたを見《み》すてたりなさいませんよ。」

マザーのはげましに、その人《ひと》は、生《い》きる力《ちから》をとりもどしました。そして、

「マザー、わたしにできることを言《い》いつけてください。なんでもいたします。」

と言《い》って、患者《かんじゃ》たちの先頭《せんとう》に立《た》って、病棟《びょうとう》づくりに協力《きょうりょく》しました。

「おかげでだいぶよくなりました。手《て》は不自由《ふじゆう》ですが、からだは動《うご》かせます。わたしにもなにか手《て》つだわせてください。」

病気《びょうき》の進行《しんこう》が止《と》まり、はたらける患者《かんじゃ》たちが、ひとり、またひとりと申《もう》しでて、手《て》

つだうようになりました。患者《かんじゃ》たちは、不自由《ふじゆう》な手足《てあし》で土《つち》を運《はこ》び、れんがを積《つ》みあげ、力《ちから》いっぱいはたらいて、新《あたら》しい診療所《しんりょうじょ》と2むね《ふた》の病棟《びょうとう》をつくりあげました。病気《びょうき》の重《おも》い人《ひと》は、入院《にゅういん》して治療《ちりょう》を受《う》けられるようになりました。

こうして、1959年《ねん》、ハンセン病患者《びょうかんじゃ》のためのセンターが始《はじ》まりました。

ある日《ひ》、殺人罪《さつじんざい》で刑務所《けいむしょ》に入《はい》っていた人《ひと》が入院《にゅういん》してきました。顔《かお》のひふがくずれはじめたその人《ひと》は、ひどくいたがっていましたが、

「やせて、まずしい人《ひと》がこんなに多《おお》いのに、うまい汁《しる》をすって太《ふと》った金持《かねも》ちはゆるせないっ。おれがやっつけてやる。」

と、息《いき》まいていました。

「おれなんか、どうなったっていいんだ。どうせ、帰《かえ》る家《いえ》もないんだから……。」

人《ひと》にきらわれるのになれてしまっていたのでしょう。シスターたちをなかなか信《しん》じないで、痛《いた》みがうすらぐと、にげだしてしまいました。そんなことを何回《なんかい》かくりかえしたあと、とうとうその人《ひと》が、言《い》いました。

「あんたがたには負《ま》けたよ。こんなおれみたいな悪人《あくにん》でも愛《あい》してくれるなんてさ。」

『イソップ物語《ものがたり》』の、北風《きたかぜ》に勝《か》った太陽《たいよう》の話《はなし》のように、愛《あい》の温《あたた》かさが、あらくれた男《おとこ》の心《こころ》を開《ひら》かせたのです。

ハンセン病《びょう》の苦《くる》しさは、病気《びょうき》の苦《くる》しさだけではなく、愛《あい》する家族《かぞく》にまで、見放《みはな》されてしまうことでした。

なにより愛《あい》に飢《う》えていた病人《びょうにん》は、シスターの明《あか》るい笑顔《えがお》にはげまされ、なおりたい、なおそうという気持《きも》ちになりました。すると、病人同士《びょうにんどうし》でも、助《たす》けあうようになり、病気《びょうき》の軽《かる》い人《ひと》は、シスターたちに教《おし》えてもらい、かんたんな手当《てあ》てを手《て》つだうようになりました。

やがて、敷地《しきち》の一角《いっかく》に竹《たけ》の小屋《こや》をたて、織物機械《おりものきかい》を入《い》れてもらうと、手当《てあ》てに使《つか》う包帯《ほうたい》やガーゼを織《お》りました。また、古《ふる》い紙《かみ》を集《あつ》めてきて、薬《くすり》のふくろもつくりました。

ハンセン病患者《びょうかんじゃ》の、オアシスのようなセンターでは、その後《ご》、自分《じぶん》たちの手《て》で家《いえ》をつくり、動物《どうぶつ》を飼育《しいく》し、サリーを織《お》って、自分《じぶん》たちで生《い》きる努力《どりょく》をしつづけています。

ハンセン病患者《びょうかんじゃ》のためのセンターには、うわさを聞《き》いて、遠《とお》くからやってくる人《ひと》もいました。

手足《てあし》の指《ゆび》が、全部《ぜんぶ》とれてしまった青年《せいねん》テワリもそうでした。

テワリは、学生時代《がくせいじだい》に発病《はつびょう》し、ずっと病院《びょういん》に通《かよ》っていました。でも、なかなかなおりません。

「だから、家出《いえで》して、スラムでくらしてたんだ。」

「どうして家出《いえで》なんかしたの。この病気《びょうき》は根気《こんき》よく治療《ちりょう》すれば、進行《しんこう》も止《と》まるし、やがてなおったはずです。」

マザーは、手当《てあ》てをしながら、さとしました。

「家族《かぞく》に迷惑《めいわく》がかかると思《おも》ったんだよ。お金《かね》はかかるし、ぼくはもう、どうでもよかったんだ。だけど……。」

だけど、マザーの施設《しせつ》に行《い》けば、治療《ちりょう》しながらはたらけると聞《き》いて、遠《とお》いところから、不自由《ふじゆう》な足《あし》を引《ひ》きずり、何日《なんにち》もかかって、やっとたどりついたというのです。

スラムをさまよっている人《ひと》のなかには、こういう人《ひと》もいたのです。

テワリは言《い》いました。

「ぼくは、ほんとうは生《い》きたいんだよ。そしてもう一度《いちど》、勉強《べんきょう》したいんだ。」

「できますとも。」

マザーは、明《あか》るい声《こえ》ではげましました。

テワリが言《い》うように、ハンセン病《びょう》の治療《ちりょう》には、長《なが》い年月《ねんげつ》がかかります。帰《かえ》る家《いえ》のない多《おお》くの病人《びょうにん》は、自分《じぶん》ではたらいて食《た》べていかなければならず、生活費《せいかつひ》を得《え》るために、落《お》ちついて治療《ちりょう》を受《う》けられません。すこしよくなると治療《ちりょう》をやめてしまうので、なおるものもなおらなくなってしまうのです。

マザーは、いつも考《かんが》えていました。

患者《かんじゃ》が安心《あんしん》して治療《ちりょう》をつづけられるように、病院《びょういん》の近《ちか》くに、あの人《ひと》たちでも自立《じりつ》できる仕事場《しごとば》がほしい……。できれば、同《おな》じ敷地《しきち》の中《なか》に、世間《せけん》に気《き》がねなく、家族《かぞく》が住《す》める家《いえ》もほしい……。病院《びょういん》も仕事場《しごとば》も、住《す》まいもそっくり入《はい》る、公園《こうえん》のように美《うつく》しい村《むら》をつくれたら……。マザーの願《ねが》いは、ふくらむばかりでした。

そんなマザーの願《ねが》いが実現《じつげん》できたのは、それから9年後《ねんご》の、1968年《ねん》のことでした。

砂漠《さばく》に花《はな》をさかせて

「ハンセン病患者《びょうかんじゃ》のために、オアシスをつくりたい。」

そんなマザーの夢《ゆめ》を知《し》っていた、西《にし》ベンガル州《しゅう》の知事《ちじ》が、14万平方《まんへいほう》メートルもの広《こう》大《だい》な土地《とち》を提供《ていきょう》してくれました。

マザーは大喜《おおよろこ》びで、シスター・ザビエルといっしょに、見《み》にいきました。

その土地《とち》は、カルカッタから200キロメートルほど北《きた》の、西《にし》ベンガル州《しゅう》アサンソールにありました。

背《せ》のひくい木《き》が、すこし生《は》えてるだけの荒《あ》れ地《ち》でしたが、マザーの目《め》には、緑《みどり》あふれる、理想《りそう》の村《むら》が見《み》えるようでした。

「いよいよ〈平和《へいわ》の村《むら》〉ができるのよ。シスター・ザビエル、ここを大《おお》きく3つに分《わ》けましょう。ひとつは病院《びょういん》、もうひとつはシスターたちの住《す》む区域《くいき》、そして3つ目《め》は患者《かんじゃ》の家族《かぞく》の住《す》む家《いえ》と農場《のうじょう》にするのよ。」

マザーの目《め》が、いきいきとかがやきました。

「いいですね、マザー。家族《かぞく》のそばでくらせたら、患者《かんじゃ》さんの、なおそうという気持《きも》ちのはげみになりますもの。それに、病気《びょうき》がよくなったら、この村《むら》でいっしょにはたらけるでしょう。」

「そうよ。チタガールと同《おな》じように、患者《かんじゃ》もはたらける人《ひと》ははたらいて、この村《むら》のくらしにいるものは、自分《じぶん》たちでつくりだせば、完全《かんぜん》になおるまで、安心《あんしん》して治療《ちりょう》できるでしょう。」

「マザー、ほんとうにすばらしい計画《けいかく》ですわ。」

シスター・ザビエルにも、マザーの夢《ゆめ》がはっきりと見《み》えるようでした。

「さあ、シスター・ザビエル、すぐにとりかかってください。あなたに、ここの村長《そんちょう》さんになってもらうのですから……。」

マザーはそう言《い》って、ほほえみました。

シスター・ザビエルは、マザーと同《おな》じユーゴスラビア生《う》まれで、はじめは、やはり、ロレット修道会《しゅうどうかい》の修道女《しゅうどうじょ》でした。

でも、インドのまずしさにふれ、マザーの仕事《しごと》にふれ、ともにまずしい人《ひと》のなかにいる神《かみ》に仕《つか》えようと、『神《かみ》の愛《あい》の宣教者会《せんきょうしゃかい》』に入会《にゅうかい》したのです。

シスター・ザビエルは医師《いし》でしたから、ハンセン病患者《びょうかんじゃ》のための〈平和《へいわ》の村《むら》〉には、うってつけの村長《そんちょう》でした。

「はい、マザー。でも、すぐとりかかるといっても、病院《びょういん》や家《いえ》をたてるお金《かね》は、どうしましょう。」

「心配《しんぱい》ありませんよ。神《かみ》さまが、きっと用意《ようい》してくださいます。」
マザーは、いつものように、そう言《い》いましたが、腕《うで》を組《く》み、じっと考《かんが》えこんでしまいました。

これまで、マザーたちの奉仕活動《ほうしかつどう》には、たくさんの人《ひと》が協力《きょうりょく》してくれていました。今度《こんど》のように、土地《とち》や家《いえ》をプレゼントしてくれたり、お金《かね》を寄付《きふ》してくれた人《ひと》もいました。それは、お金持《かねも》ちの大金《たいきん》もありましたが、1ルピー、5ルピーという、子《こ》どもたちやまずしい人《ひと》びとからのカンパも、少《すく》なくありませんでした。

マザーたちも、道《みち》に落《お》ちているココヤシの実《み》（ココナッツ）の殻《から》からとれる繊維《せんい》で、マット、たわし、まくらなどをつくって、施設《しせつ》で使《つか》うほか、売《う》ってお金《かね》にかえていました。

〈スラムの学校《がっこう》〉〈死《し》を待《ま》つ人《ひと》の家《いえ》〉〈孤児《こじ》の家《いえ》〉で必要《ひつよう》な食《た》べものやミルク、薬《くすり》、包帯《ほうたい》など、物《もの》を買《か》ったり、子《こ》どもや病人《びょうにん》の世話《せわ》をしたりするには、それでなんとかやってきました。

でも、新《あたら》しく村《むら》をつくるとなると、大金《たいきん》がいります。

「シスター・ザビエル、名案《めいあん》よ。」

マザーが顔《かお》をぱっとあげ、まるで、いたずらを見《み》つかった子《こ》どものように、首《くび》をすくめてわらいました。

「思《おも》いきって、宝《たから》くじをやりましょうよ。」

「えっ、宝《たから》くじですって。」

マザーの名案《めいあん》とは、こうでした。

そのすこしまえに、ローマ教皇《きょうこう》パウロ6世《せい》が、インドをおとずれました。ちょうど、マザーの『神《かみ》の愛《あい》の宣教者会《せんきょうしゃかい》』の修道院《しゅうどういん》がボンベイ（現在《げんざい》はムンバイ）に開《ひら》かれたときで、教皇《きょうこう》が祝福《しゅくふく》に立《た》ちよってくれました。

そして帰国《きこく》のとき、教皇《きょうこう》はマザーに、乗用車《じょうようしゃ》をおいていってくれました。教皇《きょうこう》がインドにいるあいだ使《つか》うようにと、アメリカ人《じん》がプレゼントした高級車《こうきゅうしゃ》でした。

「まずしい人《ひと》びとに仕《つか》えるわたしには、車《くるま》はいりません。どうぞどなたかほかの方《かた》に

さしあげてください。」

と、ことわるマザーに、教皇《きょうこう》は言《い》いました。

「この車《くるま》をどのように使《つか》おうと、あなたの自由《じゆう》です。まずしい人《ひと》びとに仕《つか》えるあなたの役《やく》に立《た》てば、それでいいのです。」

そこでマザーは、その高級車《こうきゅうしゃ》を賞品《しょうひん》にして、宝《たから》くじをやろうというのでした。高級車《こうきゅうしゃ》の値打《ねう》ちを10万《まん》ルピーとして、100ルピー以上《いじょう》の寄付《きふ》で宝《たから》くじ1枚《まい》とすれば、4000枚《まい》で40万《まん》ルピーが集《あつ》まります。

そのころ、まずしい人《ひと》が300ルピーで1年《ねん》くらし、学校《がっこう》の先生《せんせい》が300ルピーで1か月《げつ》くらすというインドで、40万《まん》ルピーは大金《たいきん》でした。

「どう、これならすぐにも〈平和《へいわ》の村《むら》〉づくりが始《はじ》められるでしょう。やっぱり神《かみ》さまは、助《たす》けてくださいましたね。」

教皇《きょうこう》からいただいた車《くるま》を、宝《たから》くじの賞品《しょうひん》にしてしまうなんて、マザーでなければ思《おも》いもつかないことでした。

マザーは、さっそく、西《にし》ベンガル州《しゅう》の知事《ちじ》から、宝《たから》くじを売《う》るのに必要《ひつよう》な許可《きょか》をもらい、売《う》りだしました。

宝《たから》くじを買《か》えば、マザーの仕事《しごと》が助《たす》けられるうえ、高級車《こうきゅうしゃ》が当《あ》たるかもしれないというので、たくさんの人《ひと》が買《か》ってくれました。

マザーのアイディアは、大成功《だいせいこう》でした。予定《よてい》の4000枚《まい》をはるかにこえて、50万《まん》ルピー以上《いじょう》の寄付金《きふきん》が集《あつ》まりました。

『シンデレラ』の魔法使《まほうつか》いは、かぼちゃを馬車《ばしゃ》にかえましたが、マザー・テレサは、高級車《こうきゅうしゃ》をハンセン病患者《びょうかんじゃ》のオアシスにかえようというのです。それも、けっして元《もと》にはもどらない、みごとな魔法《まほう》を使《つか》って……。

こうして、シスター・ザビエルのもとで、〈平和《へいわ》の村《むら》〉づくりが始《はじ》まりました。

アサンソールは、炭鉱地帯《たんこうちたい》で、何千人《なんぜんにん》ものハンセン病患者《びょうかんじゃ》がいるといわれていました。

「すこしでも早《はや》く治療《ちりょう》を始《はじ》めましょう。」

シスター・ザビエルは、さっそく小屋《こや》をつくり、患者《かんじゃ》の手当《てあ》てを始《はじ》めました。きらわれ者《もの》だった患者《かんじゃ》たちは、シスターの温《あたた》かい看病《かんびょう》とはげましで、日《ひ》に日《ひ》に元気《げんき》をとりもどしていきました。

「わたしは、もうからだを動《うご》かせます。病院《びょういん》や家《いえ》づくりの手《て》つだいをさせてください。」

ここでも、患者《かんじゃ》たちが、そう申《もう》しでました。たくさんの人《ひと》が、不自由《ふじゆう》な足《あし》を引《ひ》きずって、指《ゆび》のない手《て》でもれんがを積《つ》み、力《ちから》いっぱいはたらきました。

診療所《しんりょうじょ》、病棟《びょうとう》、シスターたちの家《いえ》、学校《がっこう》、家族《かぞく》の家《いえ》、そして織物工場《おりものこうじょう》までが、みごとにつくりあげられていきました。

マザーは、シスター・ザビエルや、力《ちから》をつくした患者《かんじゃ》たちと、手《て》をとりあってよろこび、言《い》いました。

「あなたがたは、すばらしい。砂漠《さばく》にオアシスをつくりました。そしてこれから、花《はな》をさかせようとしているんですもの……。」

〈平和《へいわ》の村《むら》〉では、中心《ちゅうしん》をつらぬく大通《おおどお》りを、感謝《かんしゃ》をこめて、「パウロ6世通《せいどお》り」とよぶことにしました。

〈平和《へいわ》の村《むら》〉の建物《たてもの》には、「西《にし》ドイツ（現在《げんざい》はドイツ）の子《こ》どもたちからのおくりもの」とか「デンマークのはたらく人《ひと》たちからのおくりもの」というように、遠《とお》い外国《がいこく》からの寄付《きふ》を記念《きねん》する文字《もじ》がきざまれているものもあります。

〈平和《へいわ》の村《むら》〉は、こういう温《あたた》かいはげましにつつまれて、自分《じぶん》たちの力《ちから》で歩《あゆ》みはじめました。

病気《びょうき》の軽《かる》い患者《かんじゃ》たちは、治療《ちりょう》を受《う》けながら、できる仕事《しごと》を受《う》けもって、いきいきとはたらきました。

「道《みち》の両側《りょうがわ》に木《き》を植《う》えて、すてきな並木道《なみきみち》にしようよ。」

「あちこちに、木《こ》かげをつくる木《き》を植《う》えたり、花《か》だんもつくりましょうね。」

「バナナや、マンゴーも植《う》えたいな。」

と、村中《むらじゅう》が公園《こうえん》のようになる夢《ゆめ》も、そう遠《とお》い日《ひ》ではなさそうです。

「いなかにいたときやってたように、おれたちは田畑《たはた》をたがやすよ。」

「そうだ、米《こめ》や野菜《やさい》は、わしらにまかせろ。」

「ウシやヤギを飼《か》って、ミルクやチーズをつくろうぜ。たくさんつくって、町《まち》の市場《いちば》に出《だ》すのさ。」

「それから、ニワトリも飼《か》おう。」

「魚《さかな》も飼《か》おう、まず池《いけ》づくりだ。」

と、動物《どうぶつ》たちもふえはじめ、村《むら》は、いっそうにぎやかになりました。

工場《こうじょう》では、まくらカバーやシーツやサリーをどんどん織《お》りました。

病棟《びょうとう》や、家族《かぞく》の家《いえ》の増築《ぞうちく》は、その後《ご》もつづきました。

〈平和《へいわ》の村《むら》〉で、治療《ちりょう》を受《う》けたハンセン病患者《びょうかんじゃ》は、1984年《ねん》までに1万《まん》5000人《にん》をこえました。

マザーたちのさかせた砂漠《さばく》の花《はな》は、みごとにさきつづけています。

3 世界中《せかいじゅう》に愛《あい》の手《て》を

広《ひろ》がる愛《あい》の手《て》

ハンセン病患者《びょうかんじゃ》が、自給自足《じきゅうじそく》のくらしができる〈平和《へいわ》の村《むら》〉がスタートしたのは、1968年《ねん》3月《がつ》でした。

これよりまえの1959年《ねん》5月《がつ》、マザー・テレサは、インドの北東部《ほくとうぶ》にあるラーンチーと、北部《ほくぶ》にあるデリーに、修道院《しゅうどういん》をつくりました。

1948年《ねん》に、スラムではたらきはじめてから10年《ねん》。まずしい人《ひと》びとへの奉仕《ほうし》とともに、マザーはシスターたちを『神《かみ》の愛《あい》の宣教者会《せんきょうしゃかい》』にふさわしい修道女《しゅうどうじょ》に育《そだ》てるのに、懸命《けんめい》でした。これは、修道会《しゅうどうかい》の土台《どだい》をしっかりつくるためには、とても大事《だいじ》なことでした。

それで、この10年間《ねんかん》、マザーは、カルカッタ以外《いがい》の地《ち》に、出《で》ていくことはしませんでした。

でも、マザーは、日本《にっぽん》の8倍以上《ばいいじょう》もあるという広大《こうだい》なインドの各地《かくち》に、まずしい人《ひと》がたくさんいることを知《し》り、心配《しんぱい》していました。

あれから10年《ねん》たったいま、シスターたちも、ぞくぞくと育《そだ》ちました。シスター・アグネスは、マザーの片腕《かたうで》として、マザーが留守《るす》をしても、りっぱに代《か》わりをつとめてくれるでしょう。

そこでマザーは、はじめて、カルカッタの外《そと》へと、出《で》ていく決心《けっしん》をしました。

マザーは、3人《にん》のシスターをつれて汽車《きしゃ》に乗《の》り、3日《みっか》がかりでデリー駅《えき》に着《つ》きました。

デリーは、ヤムナー川《がわ》ぞいに発展《はってん》し、7つの王朝《おうちょう》がさかえた歴史《れきし》のある町《まち》でした。

1911年《ねん》、そのころインドを植民地《しょくみんち》として支配《しはい》していたイギリスが、首都《しゅと》を、カルカッタからこの地《ち》にうつしました。そのとき、古都《こと》デリーからつづく広《ひろ》い土地《とち》に、計画的《けいかくてき》な都市《とし》ニューデリーをつくりました。

そのため、デリーは、小《ちい》さな商店《しょうてん》がひしめきあい、人《ひと》であふれている古《ふる》い町《まち》オールドデリーと、整然《せいぜん》と近代建築《きんだいけんちく》の官公庁《かんこうちょう》が立《た》ちならぶ新《あたら》しい町《まち》ニューデリーの、ふたつの顔《かお》をもつようになっていました。

デリー駅《えき》は、ごみごみしたオールドデリーの町《まち》の中《なか》にありました。

駅《えき》の構内《こうない》といい広場《ひろば》といい、大都市《だいとし》の玄関口《げんかんぐち》というのに、まずしい身《み》なりの人《ひと》がむらがっています。

とつぜん、子《こ》どもが五、六人《にん》よってきて、マザーたちの前《まえ》に手《て》をさしだしました。

「シスター、おめぐみを。」

マザーが、にこっとわらいかけると、子《こ》どもたちも、ぱっとわらい、かけだしていってしまいました。

カルカッタと同《おな》じように、大都市《だいとし》デリーへは、よそから流《なが》れこんできた人《ひと》が多《おお》く、家《いえ》のない人《ひと》も、たくさんいたのです。

「よく来《き》てくださいました、マザー。」

むかえてくれた、インド人《じん》の神父《しんぷ》に案内《あんない》されて、マザーたちは、さっそく、まずしい人《ひと》びとのいるスラムへ向《む》かいました。

人《ひと》の群《む》れをかきわけるように、しばらく歩《ある》くと、マザーは聞《き》きました。

「この人《ひと》たちは、どこに住《す》んでいるのでしょう。駅《えき》の裏《うら》にスラムがあるのですか。」

「ここは、カルカッタとは、ちょっと事情《じじょう》がちがいましてね。町中《まちなか》には、スラムがないんです。」

神父《しんぷ》の話《はなし》によると、市役所《しやくしょ》がやかましくとりしまり、スラムを、できるだけ町《まち》はずれへと、追《お》いやっているというのです。

外国《がいこく》から、デリーをおとずれるお客《きゃく》さまに、まずしい人《ひと》やスラムを見《み》せたくなかったのでしょう。

でも、まずしい人《ひと》びとにとって、ものごいや仕事《しごと》には、人通《ひとどお》りの多《おお》い町《まち》の中《なか》が便利《べんり》です。そこで人《ひと》びとは、町《まち》はずれのスラムから、はたらきにきていたのです。

神父《しんぷ》に聞《き》いたとおり、町《まち》を外《はず》れていくほど、粗末《そまつ》な小屋《こや》やテント小屋《ごや》が多《おお》くなりました。そして、川《かわ》の土手《どて》近《ちか》くに、目指《めざ》すスラムがありました。スラムに近《ちか》い、ヤムナー川《がわ》の広《ひろ》い川原《かわら》は、デリー全体《ぜんたい》の、ごみすて場《ば》になっていて、数《かぞ》えきれないほどのたくさんのカラスが、おりたりとびあがったりしていました。

まずしい人《ひと》びとは、そのごみの山《やま》から、くずをひろい、食《た》べものをカラスとうばいあって、くらしていたのです。

「ここに、病人《びょうにん》たちのための家《いえ》をつくりましょう。早《はや》いほうがいい。すぐ、小屋《こや》をつくる許可《きょか》をもらいにいきましょう。さあ、神父《しんぷ》さま、市役所《しやくしょ》へ案内《あんない》してください。」

マザーはそう言《い》うと、もう歩《ある》きだしていました。

神父《しんぷ》もあわてて、あとを追《お》いました。

こうと決《き》めたらすばやいマザーのおかげで、その日《ひ》のうちに、市役所《しやくしょ》のゆるしをもらえました。シスターたちの住《す》む家《いえ》もかりて、そこを、『神《かみ》の愛《あい》の宣教者会《せんきょうしゃかい》』の修道《しゅうどう》院《いん》としました。

そして、ごみすて場《ば》からすこしはなれたところに、板《いた》で囲《かこ》った小屋《こや》をつくり、やしの葉《は》の屋根《やね》をつけました。

マザーたちは、さっそく、病気《びょうき》で苦《くる》しんでいる人《ひと》たちの手当《てあ》てを始《はじ》めました。

こうして、カルカッタ以外《いがい》の場所《ばしょ》でも、マザーたちの活動《かつどう》が始《はじ》まりました。

長《なが》いあいだ、苦《くる》しくても病院《びょういん》にはかかれずに、あきらめていた病人《びょうにん》が、あとからあとからやってきました。シスター3人《にん》では、どうにも手《て》がまわらなくなりました。

するとデリーのわかい女性《じょせい》たちが、

「わたしも、マザーの修道会《しゅうどうかい》のシスターにしてください。」

と、言《い》ってくるようになりました。

「神《かみ》さまのおはからいです。神《かみ》はわたしたちに、デリーではたらくことをのぞまれたのです。」

マザーは、神《かみ》の奇跡《きせき》を信《しん》じました。

こういうことは、デリーだけではありません。その後《ご》、マザーは、インドの各地《かくち》に修道院《しゅうどういん》や施設《しせつ》を開《ひら》きました。すると、そのたびに、その土地《とち》の女性《じょせい》たちが集《あつ》まってきました。

みんな、マザーたちの奉仕活動《ほうしかつどう》に心《こころ》を打《う》たれ、自分《じぶん》から進《すす》んでとびこんできたのです。

けれども、すべてを神《かみ》にささげ、まずしい人《ひと》びとのなかのもっともまずしい人《ひと》びとに仕《つか》えるということは、かんたんなことではありません。

そこで『神《かみ》の愛《あい》の宣教者会《せんきょうしゃかい》』では、6か月《げつ》の見習《みなら》い期《き》に、スラムで、シスターの仕事《しごと》を手《て》つだわせました。

これは、ほんとうに神《かみ》がのぞまれ、自分《じぶん》ものぞんでいる道《みち》かどうかを、考《かんが》えるためです。

また、この期間《きかん》に英語《えいご》も勉強《べんきょう》しなくてはなりません。これは、インドでは、あまりにも多《おお》くの言葉《ことば》が使《つか》われているので、各地《かくち》から集《あつ》まった人《ひと》たちの共通語《きょうつうご》として、会《かい》で英語《えいご》を使《つか》っているからです。

次《つぎ》に6か月《げつ》の志願期《しがんき》があって、ようやく、2年間《ねんかん》の修練期《しゅうれんき》に入《はい》ります。このあいだに、神学《しんがく》、教会《きょうかい》の歴史《れきし》、聖書《せいしょ》、そして、マザーの修道会《しゅうどうかい》の規則《きそく》を学《まな》びます。また、病《びょう》院《いん》の看護実習《かんごじっしゅう》もあります。

この修練期《しゅうれんき》が終《お》わって、3つの誓願《せいがん》を立《た》て、さらに、マザーの修道会《しゅうどうかい》だけにある、第四《だいよん》の特別誓願《とくべつせいがん》を立《た》てます。

こうして、正式《せいしき》なシスターになれるのです。

シスターになるための、3つの誓願《せいがん》とは、

1、清貧《せいひん》（まずしい人《ひと》を愛《あい》するため、自分《じぶん》もまずしくなることを誓《ちか》う。）

2、貞潔《ていけつ》（結婚《けっこん》をしないで、すべてをキリストにささげることを誓《ちか》う。）

3、従順《じゅうじゅん》（すべてキリストの意志《いし》にしたがうことを誓《ちか》う。）

そして、『神《かみ》の愛《あい》の宣教者会《せんきょうしゃかい》』だけにある、第四《だいよん》の特別誓願《とくべつせいがん》とは、まずしい人《ひと》びとのため、報酬《ほうしゅう》を受《う》けずに、心《こころ》から仕《つか》えるという誓《ちか》いでした。

このように、シスターになるためには、マザーのところに来《き》てから、早《はや》くても三、四年《ねん》、おそい人《ひと》は、7年《ねん》も8年《ねん》もかかることがありました。それでも、途中《とちゅう》であきらめる人《ひと》は、ほとんどいませんでした。みんな、きびしさのなかに、よりみたされるものを、見《み》いだしていたのです。

こういうシスターたちにささえられて、インド中《じゅう》のまずしい人《ひと》びとに、愛《あい》の手《て》が広《ひろ》がっていきました。

デリーには、その後《ご》、ハンセン病患者《びょうかんじゃ》のためのセンターをはじめ、いくつかの施設《しせつ》ができました。

そして、インドの各地《かくち》に、『神《かみ》の愛《あい》の宣教者会《せんきょうしゃかい》』の修道院《しゅうどういん》とともに、〈スラムの学校《がっこう》〉〈死《し》を待《ま》つ人《ひと》の家《いえ》〉〈孤児《こじ》の家《いえ》〉〈ハンセン病患者《びょうかんじゃ》のためのセンター〉などが、つぎつぎと生《う》まれました。

それとともに、シスターや手《て》つだいの人《ひと》も、ふえていきました。

神《かみ》にみちびかれて

マザーの活動《かつどう》に感動《かんどう》し、手《て》つだいたいと言《い》ってきたのは、女性《じょせい》ばかりではありません。

1963年《ねん》、春《はる》のことです。

カルカッタの神学生《しんがくせい》ふたりが、マザーをたずねてきました。

「マザー、あなたがたの活動《かつどう》は、よく知《し》っていました。でも、こうして来《く》るまでには、決心《けっしん》が必要《ひつよう》だったのです。いまからでもおそくはないでしょうか。」

「もちろんですとも。どんなよいことにも順番《じゅんばん》があります。神《かみ》さまは、いまわたしたちの仕事《しごと》に、あなたたちが必要《ひつよう》だと思《おも》われたのです。」

ふたりは、きりっとした顔《かお》をかがやかせて、かわるがわる言《い》いました。

「ありがとうございます、マザー。」

「シスターにはむずかしい力《ちから》のいる仕事《しごと》を、どんどんわたしたちに分《わ》けてください。」

「ありがとう。力強《ちからづよ》いことです。これからは、もっともっと、神《かみ》さまのために、すばらしいことができるようになるでしょう。」

こうして、マザーたちの仕事《しごと》に、わかいブラザー（修道士《しゅうどうし》）がくわわることになりました。

そして、道《みち》ばたにたおれている人《ひと》を運《はこ》んだり、亡《な》くなった人《ひと》を運《はこ》びだしたり、力《ちから》のいる仕事《しごと》を、受《う》けもってくれることになりました。

「それから、港《みなと》ではたらいている、まずしいあらくれ男《おとこ》たちのことが、まえから気《き》になっていました。その面倒《めんどう》もみてください。」

マザーは、ふたりと相談《そうだん》して、カルカッタの港《みなと》に近《ちか》いキダポアに、アパートの部屋《へや》をかりて、『ブラザーの会《かい》』としました。

毎朝《まいあさ》、ふたりは港《みなと》をまわり、シスターたちのはたらく場所《ばしょ》をまわり、そうじや、力《ちから》のいる仕事《しごと》を手《て》つだいました。

そうするうちに、修道士《しゅうどうし》になって、一生《いっしょう》を神《かみ》にささげようという男性《だんせい》が、つぎつぎとやってくるようになりました。

シスターたちのときとそっくりです。たちまち10人《にん》のブラザー見習《みなら》いが集《あつ》まり、いっしょにくらすことになりました。アパートのひと部屋《へや》では、とてもまにあいません。

そこでマザーは、お祈《いの》りのための聖堂《せいどう》と住《す》まいのために、同《おな》じアパートの2階《かい》もかりました。

そしてまもなく、この『ブラザーの会《かい》』は、カルカッタ大司教《だいしきょう》にみとめられ、『神《かみ》の愛《あい》の宣教者会《せんきょうしゃかい》』の一部《いちぶ》になりました。

そのころマザーは、インドのあちこちに、修道院《しゅうどういん》や施設《しせつ》を開《ひら》くためいそがしく、カルカッタを留守《るす》にすることが多《おお》くなりました。

マザーは考《かんが》えました。

「ブラザー見習《みなら》いの修練士《しゅうれんし》たちのために、よい指導者《しどうしゃ》となってくれる神父《しんぷ》さまが、いらっしゃらないかしら……。」

ブラザーになるのにも、シスターと同《おな》じように、きびしい修練《しゅうれん》がいるのです。

男子修道会《だんししゅうどうかい》ができて、2年《ねん》ほどすぎた、ある日《ひ》のことでした。

「わたしは、アンドリューという者《もの》ですが、この修道会《しゅうどうかい》の仕事《しごと》を見《み》せてください。」

そう言《い》って、細《ほそ》くて背《せ》の高《たか》い男《おとこ》の人《ひと》が、男子修道会《だんししゅうどうかい》にやってきました。

オーストラリアのイエズス会《かい》の神父《しんぷ》で、マザーのうわさを聞《き》いてきたといいます。

「では、マザーにお会《あ》いになりたいのですね。」

「いいえ、マザーには、近《ちか》いうちにきっと、神《かみ》が会《あ》わせてくださるでしょう。それより、ブラザーの仕事場《しごとば》へつれていってください。」

応対《おうたい》したブラザーはその日《ひ》、チタガールの〈ハンセン病患者《びょうかんじゃ》のためのセンター〉へ行《い》くことになっていました。

「わたしは、ハンセン病患者《びょうかんじゃ》のためのセンターへ行《い》くのですが、それでもいいですか。」

「はい、おねがいします。」

アンドリュー神父《しんぷ》は、うれしそうにうなずいて、いそいそとついてきました。

〈ハンセン病患者《びょうかんじゃ》のためのセンター〉は、その日《ひ》も病人《びょうにん》でごったがえし、3人《にん》のブラザーが、医師《いし》やシスターを助《たす》けて、いそがしくはたらいていました。

アンドリュー神父《しんぷ》は、患者《かんじゃ》をおそれるようすもなく、近《ちか》づいていきました。

「わたしにも、手《て》つだわせてください。」

案内《あんない》したブラザーが、あわてて、シスターたちに紹介《しょうかい》しました。

「イエズス会《かい》の、アンドリュー神父《しんぷ》さまです。」

「えっ、ファーザー（神父《しんぷ》）。」

そばにいた人《ひと》たちが、いっせいにふりむきました。

「いや、わたしのことは、ファーザーではなく、みんなと同《おな》じに、ブラザーとよんでください。」

神父《しんぷ》は、はずかしそうに言《い》うと、そうするのがあたりまえのように、病人《びょうにん》の世話《せわ》を始《はじ》めました。

よその修道会《しゅうどうかい》の神父《しんぷ》が、ブラザーとして、シスターを手《て》つだうなんて、聞《き》いたことがなく、みんな、不思議《ふしぎ》でなりません。

そのとき、また、思《おも》いがけないことが起《お》こりました。

なんのまえぶれもなく、マザー・テレサが、入《はい》ってきたのです。

市役所《しやくしょ》の人《ひと》といっしょでした。

いち早《はや》く気《き》づいたアンドリュー神父《しんぷ》は、マザーにかけより、握手《あくしゅ》をもとめました。

「マザー・テレサ、やっぱりお会《あ》いできました。」

「あなたは、どなたですか。」

マザーは、目《め》をいっぱいに見開《みひら》いて、神父《しんぷ》を見上《みあ》げました。

神父《しんぷ》は、にこにこして言《い》いました。

「わたしは、アンドリューといいます。マザー、わたしをブラザーとして、あなたのもとではたらかせてください。」

マザーも、そばにいた人《ひと》たちも、聞《き》きちがいではないかと思《おも》いました。

イエズス会《かい》という、長《なが》い歴史《れきし》のある修道会《しゅうどうかい》で、すでに神父《しんぷ》にまでなっている人《ひと》が、まだ新《あたら》しいマザーの修道会《しゅうどうかい》のブラザーになりたいというのですから、むりもありません。

それに、ひとつの修道会《しゅうどうかい》に入《はい》っている人《ひと》が、べつの会《かい》にうつるのは、かんたんにできるようなことではありません。

神父《しんぷ》の場合《ばあい》はローマ教皇《きょうこう》に、もうひとつ、特別《とくべつ》のゆるしを得《え》ることが必要《ひつよう》でした。

それほどの人《ひと》が、またどうして？　……と見《み》つめるみんなに、アンドリュー神父《しんぷ》は、うれしそうに言《い》いました。

「マザー、わたしは、あなたのもとでまずしい人《ひと》に仕《つか》えなさいという、神《かみ》の呼《よ》びかけを聞《き》いたのです。それにしたがうまでです。」

マザーは、胸《むね》がふるえました。男子《だんし》修道会《しゅうどうかい》の指導《しどう》のために、神父《しんぷ》に来《き》てほしいとねがっていたのは、マザーでしたから。

「神父《しんぷ》さま、わたしは、神《かみ》のなさることに、おどろかないではいられません。おねがいしたいのは、わたしのほうだったのです。」

神《かみ》のなさることかもしれませんが、シスターやブラザーたちは、マザーのまわりに起《お》こる、不思議《ふしぎ》としか言《い》いようのない、こういったできごとに、いつもおどろかされました。

そして、マザーの神《かみ》への信頼《しんらい》の深《ふか》さに、感動《かんどう》するのです。

こうして、アンドリュー神父《しんぷ》の申《もう》し出《で》は、マザーに、よろこんで受《う》けいれられました。

でも、ローマ教皇《きょうこう》の許可《きょか》がおり、晴《は》れて、『神《かみ》の愛《あい》の宣教者会《せんきょうしゃかい》』の一員《いちいん》となったのは、それから1年後《ねんご》のことでした。

1966年《ねん》、神父《しんぷ》は、のぞみどおり、ブラザー・アンドリューとよばれるようになり、わかいブラザーたちの、いちばん上《うえ》の兄《にい》さんとして、男子修道会《だんししゅうどうかい》の責任者《せきにんしゃ》になりました。

マザーの『神《かみ》の愛《あい》の宣教者会《せんきょうしゃかい》』は、男子修道会《だんししゅうどうかい》のたくましい力《ちから》がくわわり、その活《かつ》動《どう》も、いっそう力強《ちからづよ》くなりました。

そこにまずしい人《ひと》びとがいるのなら

１９６５年《ねん》もまた、マザーたちにとって、うれしい、記念《きねん》すべき年《とし》でした。アンドリュー神父《しんぷ》に入会《にゅうかい》の許可《きょか》がおりた、前年《ぜんねん》のことです。

それは、『神《かみ》の愛《あい》の宣教者会《せんきょうしゃかい》』に、ローマ教皇《きょうこう》の認可《にんか》がおりたからです。

１９５０年《ねん》に、新《あたら》しい修道会《しゅうどうかい》として、カルカッタの大司教《だいしきょう》に活動《かつどう》をゆるされてから、わずか15年《ねん》で、ローマ教皇《きょうこう》に直接《ちょくせつ》したがう修道会《しゅうどうかい》となったのです。

「大《おお》きな奇跡《きせき》です。」と、マザーは身《み》の引《ひ》きしまる思《おも》いでした。普通《ふつう》、教皇認可《きょうこうにんか》の修《しゅう》道会《どうかい》になるには、30年《ねん》も40年《ねん》もかかるものでしたから。

「これは、神《かみ》のおめぐみと、教皇《きょうこう》さまの愛《あい》です。それだけ、わたしたちの使命《しめい》が、大《おお》きいということです。」

マザーは、あらためて、まずしい人《ひと》びとに仕《つか》えることの大切《たいせつ》さを、シスターたちに話《はな》しました。

1965年《ねん》2月1日《がつついたち》、マザー・テレサは、54歳《さい》になっていました。

世界中《せかいじゅう》の、ローマ教皇《きょうこう》に直接《ちょくせつ》したがう修道会《しゅうどうかい》の仲間入《なかまい》りをした『神《かみ》の愛《あい》の宣教者《せんきょうしゃ》会《かい》』は、もう、カルカッタやインドだけの修道会《しゅうどうかい》ではありません。

「これからは、世界中《せかいじゅう》のどこへでも、そこにまずしい人《ひと》びとがいるのなら、よろこんで出《で》かけていきましょう。神《かみ》がそれをのぞまれるなら、きっとそうなります。」

マザーの言《い》ったとおり、その年《とし》の7月《がつ》には、南《みなみ》アメリカ大陸《たいりく》のベネズエラの首都《しゅと》カラカスの郊外《こうがい》に、修道院《しゅうどういん》をつくりました。

そして、すぐにシスターを派遣《はけん》し、まずしい人《ひと》びとのためのセンターを開《ひら》きました。

マザーが、アイルランドのロレット修道会《しゅうどうかい》から、遠《とお》いインドに派遣《はけん》されたように、インドのシスターも、遠《とお》いベネズエラのまずしい人《ひと》びとに仕《つか》えようと、出《で》かけたのです。

　こうして、愛《あい》の手《て》は、世界《せかい》に広《ひろ》がりはじめました。

　1968年《ねん》8月《がつ》には、ローマ教皇《きょうこう》のすすめにより、イタリアのローマに、修道院《しゅうどういん》を開《ひら》きました。教皇《きょうこう》のおひざもとで、永遠《えいえん》の都《みやこ》といわれるローマにも、スラムはあったのです。

　マザーは、5人《にん》のシスターといっしょに出《で》かけていきました。このとき、シスターたちは、学生《がくせい》たちの助《たす》けをかりて、石《いし》を積《つ》みあげ、自分《じぶん》たちの家《いえ》をつくり、そこから毎日《まいにち》、スラムへ通《かよ》いました。

　すると、ローマの心《こころ》ない人《ひと》びとは、

「インドでは食《た》べていけないから、ローマににげてきたにちがいない……。」

と、うわさしました。

　でも、シスターたちのまずしい人《ひと》びとへの奉仕《ほうし》はすぐにわかり、尊敬《そんけい》されました。

1968年《ねん》9月《がつ》、マザー・テレサは、シスター5人《にん》といっしょに、アフリカのタンザニアに行《い》きました。アフリカの人《ひと》びとは、

「外国人《がいこくじん》が、とうとう、アフリカを支配《しはい》するためでなく、あたえるためにやってきたよ。」

と言《い》いました。長《なが》いあいだ、フランスやイギリスに支配《しはい》されていた、アフリカの人《ひと》びとのせつなさは、インド人《じん》のシスターたちにもおぼえがありました。インドもまた、イギリスに支配《しはい》された、悲《かな》しい歴史《れきし》のある国《くに》でしたから。

シスターたちは、はじめは、言葉《ことば》もまったくわかりませんでした。でも村中《むらじゅう》を歩《ある》きまわり、こまっている人《ひと》をまごころをもって助《たす》けました。すると、1週間《しゅうかん》もしないうちに、「シスターさん。」と言《い》って、したわれるようになりました。

また、これは、1970年《ねん》7月《がつ》に、西《にし》アジアのヨルダンへ行《い》ったときのことです。戦争《せんそう》ですべてをうしなった難民《なんみん》のキャンプのそばに、センターをつくりました。

このとき、ヨルダン人《じん》をおそったパレスチナゲリラのひとりが、シスターたちの家《いえ》

に来《き》て、いきなり銃《じゅう》をかまえました。

そこへとびこんできたイスラム教徒《きょうと》が、

「やめろ。この人《ひと》たちは、難民《なんみん》を助《たす》けにきてくれたんだ。」

と、止《と》めてくれたので、あやういところで、助《たす》かりました。ゲリラたちは、素直《すなお》にあやまって、出《で》ていきました。

こんなふうに、戦《たたか》いのまっ最中《さいちゅう》の国《くに》へも、マザーは、まずしくて苦《くる》しんでいる人《ひと》びとがいると聞《き》けば、出《で》かけていきました。

1973年《ねん》2月《がつ》には、南《みなみ》ベトナム（現在《げんざい》のベトナム南部《なんぶ》）に、ブラザー・アンドリューがセンターを開《ひら》き、次《つぎ》の年《とし》にはカンボジアのプノンペンにもつくりました。

どちらも、戦乱《せんらん》の国《くに》でした。

その後《ご》も、マザーの仕事《しごと》は世界中《せかいじゅう》に広《ひろ》がり、アメリカやヨーロッパなど、先進国《せんしんこく》といわれる国《くに》にも、まずしい人《ひと》びとのための施設《しせつ》がつくられました。

インド以外《いがい》の、世界《せかい》70か国《こく》にあるマザーの修道会《しゅうどうかい》の施設《しせつ》は、1988年《ねん》4月《がつ》には2

02か所《しょ》になりました。

そして、マザーたちの、祈《いの》りと奉仕《ほうし》の姿《すがた》に打《う》たれ、シスターになりたいという少女《しょうじょ》も、行《い》く先々《さきざき》にいました。

また、そのシスターを手《て》つだい、まずしい人《ひと》びとのためにはたらいてくれる協力者《きょうりょくしゃ》も、どの国《くに》にもいました。

「そこにまずしい人《ひと》びとがいるというなら、世界《せかい》のどこへでも、出《で》かけていきますよ。」

と、マザーはいつも言《い》っていました。

コレラとたたかう

マザーたちの活動《かつどう》が世界中《せかいじゅう》に広《ひろ》がっていくあいだも、インドのまずしい人《ひと》びとは、へるどころかふえているようでした。

1971年《ねん》、となりの国《くに》のパキスタンで、またまた戦争《せんそう》が起《お》きてしまいました。パキスタンは、24年《ねん》まえのインド独立《どくりつ》のとき、インドから分《わ》かれてパキスタンという国《くに》をつくりました。イスラム教《きょう》を信《しん》じる人《ひと》がつくったパキスタンは、インドの北部《ほくぶ》をはさんで西《にし》と東《ひがし》にはなれていても、ひとつの国《くに》になったのです。しかし、西《にし》パキスタンと東《ひがし》パキスタンは、宗教《しゅうきょう》は同《おな》じでも民族《みんぞく》がちがいました。そんなわけで、ふたつのパキスタンは、争《あらそ》いがたえず、とうとう東《ひがし》パキスタンは、バングラデシュとして独《どく》立《りつ》しようとしました。

バングラデシュは、ベンガル湾《わん》にそってカルカッタのすぐとなり、もともと同《おな》じベンガルの平野《へいや》にあります。そこでインドはバングラデシュを応援《おうえん》することになり、戦《せん》争《そう》はインドと西《にし》パキスタンの戦《たたか》いになりました。

どこでもそうですが、戦争《せんそう》でひどい目《め》にあうのは、いつも、子《こ》どもや弱《よわ》い人《ひと》たちです。

家《いえ》を焼《や》かれ、家族《かぞく》を殺《ころ》されたバングラデシュの人《ひと》びとは、飢《う》えと病気《びょうき》に苦《くる》しみながら、安全《あんぜん》なところをさがしてにげまわりました。

約《やく》1000万人《まんにん》ともいわれたこの難民《なんみん》は、戦争《せんそう》のはげしい首都《しゅと》ダッカから、インドとの国境《こっきょう》へ向《む》かいました。食《た》べものもなく、何日《なんにち》も何日《なんにち》も、はだしで歩《ある》きつづけ、途《と》中《ちゅう》で、おおぜいの人《ひと》びとが死《し》んでいきました。

なんとか生《い》きのびた人《ひと》びとは、国境《こっきょう》をこえて、カルカッタへとにげこみました。でも、カルカッタは、そのまえから、道《みち》ばたや公園《こうえん》でくらす人《ひと》があふれていたからたまりません。

駅《えき》の構内《こうない》はもちろん、歩道《ほどう》、商店《しょうてん》や住宅地《じゅうたくち》の路地《ろじ》まで人《ひと》でうまり、カルカッタ全体《ぜんたい》が、スラムになったようでした。

そんなとき、国境近《こっきょうちか》くの難民《なんみん》キャンプで、もっともおそれていた伝染病《でんせんびょう》が起《お》きてしまいました。

「もっとくれえ、いくら飲《の》んでも、のどがかわくんだよう。」

と、水《みず》を飲《の》みつづけた病人《びょうにん》が、おなかをぱんぱんにふくらませて、1日《にち》で、死《し》にました。はげしいのどのかわきに、その人《ひと》は、バケツ3杯分《ばいぶん》もの水《みず》を飲《の》んでいたのです。

近《ちか》くにも、何人《なんにん》かの人《ひと》が、

「死《し》んでもいいから、水《みず》をくれー。」

と、かすれた声《こえ》をふりしぼっています。

薬《くすり》や食《た》べものを持《も》って、キャンプをまわっていたシスターには、ぴんときました。

コレラです。からだの弱《よわ》った人《ひと》には、つぎつぎとうつり、かかったらほとんどなおりません。

昔《むかし》ヨーロッパで、コレラのために全滅《ぜんめつ》した町《まち》もあるほどこわい病気《びょうき》でした。

シスターは、それらしい病人《びょうにん》を、すぐ病院《びょういん》に運《はこ》んで、隔離《かくり》しました。

病院《びょういん》では、大《おお》さわぎになりました。

難民《なんみん》キャンプは、かりにつくったテント小屋《ごや》で、衛生状態《えいせいじょうたい》もよくありません。そんなところで、何千《なんぜん》もの人《ひと》びとがひしめきあっているのですから、もしコレラがはやりでもしたら、たちまち広《ひろ》がり、どれだけの人《ひと》が死《し》ぬかわかりません。そして、この病《びょう》気《き》がカルカッタに入《はい》ったら……。考《かんが》えるだけでもおそろしいことです。

シスターは、カルカッタにもどると、マザーにうったえました。

「どうしたらいいでしょう、マザー。」

さすがのマザーも、顔色《かおいろ》をかえました。

「はやるまえに、食《く》いとめることです。一刻《いっこく》も早《はや》く。」

マザーは、すぐ市役所《しやくしょ》にかけつけ、市長《しちょう》や保健局《ほけんきょく》に、たのみました。

「すぐ、難民《なんみん》キャンプに医師《いし》を派遣《はけん》してください。早《はや》く食《く》いとめないと、カルカッタにも、すぐ伝染《でんせん》しますよ。」

すると、市長《しちょう》は言《い》いました。

「わかりました。ではこうしましょう。今後《こんご》、カルカッタへは、だれも入《い》れないようにします。そうすれば、コレラも入《はい》りません。」

「それで、キャンプはどうしますか。いまも、病人《びょうにん》が出《で》ているかもしれませんよ。」

「まず、カルカッタを守《まも》らねばなりません。」

「それでは、キャンプ中《じゅう》にコレラがはやっても、その人《ひと》たちのことはかまわないというのですか。」

マザーは、市長《しちょう》と押《お》し問答《もんどう》をくりかえしているときも、気《き》が気《き》ではありません。

「わかりました。それでは、わたしはわたしの方法《ほうほう》で、やるしかありません。」

マザーは、そう決心《けっしん》しました。

市《し》や医師《いし》が動《うご》いてくれないというのなら、マザーの修道会《しゅうどうかい》のシスターたちで、なんとしてもふせぐほかありません。

マザーは、よく訓練《くんれん》された、わかくて元気《げんき》なシスター30人《にん》をえらび、薬《くすり》や食《た》べものを持《も》って出《で》かけました。難民《なんみん》キャンプへ向《む》かう道《みち》には、バングラデシュ側《がわ》からにげてくる人《ひと》びとが、まだまだあとをたちません。マザーたちは、バスを乗《の》りつぎ、1日《にち》がかりでようやく、国境《こっきょう》の町《まち》クリシュナナガールの、難民《なんみん》キャンプにたどりつきました。

おそれていたとおり、キャンプには、20人《にん》ほどのコレラ患者《かんじゃ》が出《で》ていました。

コレラ患者《かんじゃ》が出《で》はじめると、それまでいた軍隊《ぐんたい》もにげてしまい、難民《なんみん》たちはおきざりにされていました。

マザーとシスターたちは、すぐに、キャンプ中《じゅう》を走《はし》りまわって、病人《びょうにん》をさがしました。

「からだの具合《ぐあい》が悪《わる》い人《ひと》はいませんか。」

「ようすがおかしい人《ひと》がいたら、知《し》らせてくださーい。」

シスターたちは、苦《くる》しんでいる人《ひと》をひとりずつ、担架《たんか》にのせて運《はこ》びだしました。

コレラにかかっている人《ひと》は、キャンプの外《そと》の、べつの場所《ばしょ》に隔離《かくり》して、ほかの人《ひと》にうつらないようにしました。

シスターたちは、日《ひ》に日《ひ》にふえる難民《なんみん》たちに、コレラに負《ま》けない元気《げんき》なからだになってもらうよう、食《た》べものを運《はこ》んで、はげましました。

けがや病気《びょうき》の人《ひと》たちを、手当《てあ》てするのもシスターたちでした。

いくら元気《げんき》なシスターでも、コレラがうつらないとはかぎりません。

マザーもシスターたちも、命《いのち》がけではたらいていたのです。

それでも、コレラにかかる人《ひと》が、つぎつぎと出《で》ました。そして死《し》んでいきました。マザーたちの、懸命《けんめい》の働《はたら》きが2か月《げつ》ほどつづいたあと、コレラは、ようやくおさまりはじめました。

それまで、100人近《にんちか》い人《ひと》がコレラにかかり、ほとんど助《たす》かりませんでした。でも、それ以上《いじょう》の伝染《でんせん》は、ふせぐことができたのです。

まもなく、その難民《なんみん》キャンプに、コレラ患者《かんじゃ》はひとりもいなくなりました。5000人《にん》あまりの難民《なんみん》は、マザーと30人《にん》のシスターたちにすくわれました。そして、カルカッタへの伝染《でんせん》もふせぐことができました。

マザーたちは、ようやく、ほっとしました。

でもマザーたちは、ゆっくり休《やす》んではいられません。べつのキャンプに、命《いのち》からがらにげてきた人《ひと》が、おおぜい集《あつ》まっていると聞《き》いたからです。

こうして、マザーたちは、インドとパキスタンの戦争《せんそう》が終《お》わるまで、1年近《ねんちか》く、いくつかの難民《なんみん》キャンプで奉仕《ほうし》をつづけました。

1971年《ねん》12月《がつ》、戦争《せんそう》は、ようやく終《お》わりました。でも、カルカッタと、バングラデシュの首都《しゅと》ダッカには、たくさんの難民《なんみん》がのこされました。

マザーは、年《とし》が明《あ》けた1月《がつ》、ダッカに修道院《しゅうどういん》をつくり、いくつかのセンターを開《ひら》いて、まずしい人《ひと》びとを受《う》けいれました。

賞金《しょうきん》と、残《のこ》りもの

マザー・テレサの活動《かつどう》が世界《せかい》に広《ひろ》がると、その愛《あい》と奉仕《ほうし》の姿《すがた》に感動《かんどう》し、マザーをたたえる声《こえ》も高《たか》くなりました。

マザーたちが、国境《こっきょう》の町《まち》クリシュナナガールの難民《なんみん》キャンプで、コレラとたたかった話《はなし》は、人《ひと》びとの口《くち》から口《くち》へとつたわっていきました。

そして、マザーを、「インドの星《ほし》」とか「カルカッタの聖女《せいじょ》」とたたえ、紹介《しょうかい》した記事《きじ》が、ヨーロッパやアメリカの新聞《しんぶん》にのりました。おかげで、マザーの名前《なまえ》は、世《せ》界中《かいじゅう》に知《し》られるようになりました。

すると、いろんな国《くに》の政府《せいふ》や団体《だんたい》、個人《こじん》が、さまざまな賞《しょう》をくれました。

マザーはそのたびに、こう言《い》いました。

「賞《しょう》というものは、わたしのものではなく、みんなのものです。ですから、わたしとはなんの関係《かんけい》もないことなのです。」

まずしい人《ひと》のなかにいるキリストのためにはたらくというマザーには、賞《しょう》もほめ言《こと》葉《ば》も、すべて神《かみ》のものだったのでしょう。

でも、賞金《しょうきん》は、しばしば魔法《まほう》の力《ちから》となりました。

あるとき、インドのアグラへ行《い》っているシスターから、〈孤児《こじ》の家《いえ》〉をつくることが必要《ひつよう》になったと、電話《でんわ》がありました。

「マザー、大急《おおいそ》ぎで、1万《まん》5000ルピー送《おく》ってください。」

「こまりましたね。お金《かね》なんて、どこにもありませんよ。」

そう言《い》って、マザーが電話《でんわ》を切《き》ると、すぐ、またベルが鳴《な》りました。新聞社《しんぶんしゃ》からでした。

「マザー・テレサ。あなたのお仕事《しごと》に対《たい》して、フィリピン政府《せいふ》からマグサイサイ賞《しょう》〔1〕がおくられることになりました。賞金《しょうきん》つきです。」

マザーは、とびあがりました。

「賞金《しょうきん》ですって。」

「1万《まん》5000ルピーです。」

こういうとき、マザーは、いつも言《い》いました。

「神《かみ》は、アグラに〈孤児《こじ》の家《いえ》〉がつくられることを、のぞんでおられるのですよ。」

カルカッタの〈死《し》を待《ま》つ人《ひと》の家《いえ》〉には、入《はい》ってすぐのところに、イギリスのメリット勲章《くんしょう》を首《くび》からさげた、聖母《せいぼ》マリア像《ぞう》が立《た》っています。

こんなふうにマザーは、ちょっぴりユーモラスに、いただいた勲章《くんしょう》をマリア像《ぞう》にかけ、「賞《しょう》はみんなのもの」という考《かんが》えを実行《じっこう》しています。

そして、ローマ教皇《きょうこう》からいただいた高級車《こうきゅうしゃ》を、宝《たから》くじで〈平和《へいわ》の村《むら》〉にかえたように、すばらしい思《おも》いつきをするのも得意《とくい》です。

インドでは、町《まち》のどこでも、ココヤシの実《み》（ココナッツ）を売《う》っていて、日本《にっぽん》の缶《かん》ジュースのように、手軽《てがる》に飲《の》まれています。飲《の》みおわった実《み》の殻《から》は、ぽいとすてられ、町中《まちじゅう》に転《ころ》がっていました。

マザーは、その、殻《から》からとれる繊維《せんい》に目《め》をつけました。殻《から》をしばらく水《みず》にひたしてやわらかくし、たたきつぶすと、繊維《せんい》だけのこります。

「これは、〈死《し》を待《ま》つ人《ひと》の家《いえ》〉などの、ベッドやまくらになりそうですよ。」

マザーはさっそく、仕事《しごと》もなく、ぶらぶらしている人《ひと》たちに、町《まち》に転《ころ》がっているコ

［1］アジアの地域《ちいき》がかかえている社会問題《しゃかいもんだい》や、平和《へいわ》のために力《ちから》をつくした個人《こじん》や団体《だんたい》におくられる賞《しょう》。社会奉仕《しゃかいほうし》、社会指導《しゃかいしどう》、平和《へいわ》・国際理解《こくさいりかい》など6部門《ぶもん》の賞《しょう》があったが、現在《げんざい》は部門《ぶもん》は廃止《はいし》されている。「アジアのノーベル賞《しょう》」ともいわれる。

コヤシの殻《から》を集《あつ》めさせ、繊維《せんい》づくりをたのみました。こん棒《ぼう》で、とんとんたたくだけの仕事《しごと》なら、だれにでもできますから、たくさんの人《ひと》の仕事《しごと》をつくりました。たちまち、町中《まちじゅう》のココヤシのごみはなくなりました。そのうえ、この繊維《せんい》は、ベッドやまくらのほかに、マットやしきもの、たわしとなって売《う》れました。

マザーの、このアイディアは、ごみをお金《かね》にかえたうえに、仕事《しごと》のない人《ひと》に、はたらく喜《よろこ》びと収入《しゅうにゅう》をもたらすことになりました。

マザーのすばらしい思《おも》いつきは、ほかにもまだまだありました。

『神《かみ》の愛《あい》の宣教者会《せんきょうしゃかい》』の施設《しせつ》が各地《かくち》に広《ひろ》がり、マザーの毎日《まいにち》は大《おお》いそがし。どの施設《しせつ》でも、

「マザー、いつ来《き》てくれますか。」

と、まずしい人《ひと》びとが待《ま》っていました。

マザーは、インド政府《せいふ》の出《だ》してくれた2等《とう》の国鉄《こくてつ》フリーパスを使《つか》って、インド中《じゅう》をかけまわっていました。でも、広《ひろ》いインドでは、列車《れっしゃ》で行《い》くと、2日《ふつか》も3日《みっか》もかかっ

てしまうところもあります。いそがしいマザーには、いくらただでも、もったいない時間《じかん》でした。

それで、しかたなく、高《たか》いお金《かね》をはらって、飛行機《ひこうき》に乗《の》ることになりました。

「まずしい人《ひと》びとのためのお金《かね》を、むだづかいしたくない。なんとか、もっと安《やす》く飛《ひ》行機《こうき》に乗《の》れないかしら。」

と、マザーは、いつも考《かんが》えていました。

そしてついに、すてきな方法《ほうほう》を思《おも》いつきました。マザーは、いそいそと、航空会社《こうくうがいしゃ》へ相談《そうだん》に出《で》かけました。

「わたしが飛行機《ひこうき》に乗《の》らなければならないとき、客室乗務員《きゃくしつじょうむいん》の仕事《しごと》を手《て》つだわせてくださいませんか。」

そうして、はたらいたお金《かね》の分《ぶん》だけ、料金《りょうきん》を、割《わ》り引《び》きしてほしいというわけです。マザーは大真面目《おおまじめ》でしたが、航空会社《こうくうがいしゃ》の人《ひと》は、目《め》をぱちくり。

それから「うーん。」とうなりました。

「わかりました、マザー。ほんとうにそうなったら、どんなにすばらしい客室乗務員《きゃくしつじょうむいん》も、かなわないでしょう。でも〝カルカッタの聖女《せいじょ》〟のマザーに、そんなことをさせるわけにはいきません。マザーの国内線航空運賃《こくないせんこうくううんちん》は、無料《むりょう》にいたしましょう。」

マザーは、素直《すなお》に感謝《かんしゃ》しました。でも、「よろしい。」と言《い》われたら、よろこんで、ほんとうにやるつもりでした。

まずしい人《ひと》びとのためによいと思《おも》うことなら、敢然《かんぜん》と実行《じっこう》するのが、マザーです。

外国《がいこく》に施設《しせつ》ができて、マザーは、たびたび国際線《こくさいせん》の飛行機《ひこうき》にも乗《の》るようになりました。すると、気《き》になることがありました。

食事時《しょくじどき》になると配《くば》られる機内食《きないしょく》です。それは、マザーが修道院《しゅうどういん》やまずしい人《ひと》びとのセンターで食《た》べているものより、ずっとぜいたくで、おいしいごちそうでした。

マザーは、いつも、こんなにおいしいものを、まずしい子《こ》どもたちにも食《た》べさせてあげたいと思《おも》っていました。

ところが、ほんのすこし手《て》をつけただけで、のこしてしまう人《ひと》が多《おお》いのです。

マザーは、その、残《のこ》りものの行方《ゆくえ》が気《き》になってしかたありません。そこで、ある日《ひ》、かたづけにきた客室乗務員《きゃくしつじょうむいん》に聞《き》いてみました。

「はい、今度着陸《こんどちゃくりく》する空港《くうこう》でおろして、全部《ぜんぶ》すてると思《おも》いますが……。」

「えっ、すてるんですか。」

「はい。そこでまた、次《つぎ》の食事《しょくじ》の分《ぶん》を、積《つ》みこみますから……。」

「もったいない。」

マザーは、思《おも》わず目《め》をむきました。

カルカッタには、ごみすて場《ば》からひろった食《た》べもので、飢《う》えをしのいでいる人《ひと》が、おおぜいいます。残《のこ》りものでも、こんなごちそうは、見《み》たこともないでしょう。それをすててしまうなんて、マザーには、どうしても見《み》すごせませんでした。

マザーは、こまっている客室乗務員《きゃくしつじょうむいん》に、ほほえんで言《い》いました。

「その、残《のこ》りものをください。どうせすてるのなら、わたしがいただいて帰《かえ》ります。」

「わかりました。お帰《かえ》りになって、すぐ、召《め》しあがられるのでしたら、どうぞお持《も》ちください。」

マザーは、手《て》をつけていない食《た》べものをたくさんもらって、おみやげにしました。そして、カルカッタの空港《くうこう》ビルの人《ひと》と話《はな》しあい、残《のこ》りものをもらいうける約束《やくそく》をしました。

マザーは、修道会《しゅうどうかい》へもどると、いたずらっぽく目《め》をかがやかせ、言《い》いました。

「すてきでしょう。今度《こんど》から、国際線《こくさいせん》が着《つ》くたびに、残《のこ》りものをもらいにいくことにしました。つくりなおして、子《こ》どもたちといっしょに、いただきましょうね。」

この名案《めいあん》は、すぐに、デリー、ボンベイの空港《くうこう》でも実行《じっこう》されるようになり、たくさんの施設《しせつ》の子《こ》どもたちに、よろこばれています。

マザーには、賞金《しょうきん》も、残《のこ》りものも、すべて、神《かみ》のおくりものでした。

神《かみ》の平和《へいわ》の道具《どうぐ》として

カルカッタの『神《かみ》の愛《あい》の宣教者会《せんきょうしゃかい》』の朝《あさ》は、午前《ごぜん》4時半《じはん》のお祈《いの》りから始《はじ》まります。まだ暗《くら》い2階《かい》の聖堂《せいどう》に、白《しろ》いサリーの、修練者《しゅうれんしゃ》やシスターたちが集《あつ》まって黙想《もくそう》します。

マザー・テレサは、いちばん後《うし》ろのとびら近《ちか》くにひっそりとひざまずき、静《しず》かに目《め》をとじました。

主《しゅ》よ、まずしさと、飢《う》えのうちに生《い》き、死《し》んでいく、世界中《せかいじゅう》の仲間《なかま》のためにはたらくわたしたちを、それにふさわしいものにしてください……。

300人《にん》あまりのシスターたちの、「聖《せい》フランシスコの祈《いの》り」の声《こえ》が聖堂《せいどう》にひびきます。

神《かみ》よ、
わたしをあなたの平和《へいわ》の道具《どうぐ》としてお使《つか》いください。

憎《にく》しみのあるところに愛《あい》を、
いさかいのあるところにゆるしを、
分裂《ぶんれつ》のあるところに一致《いっち》を、
疑惑《ぎわく》のあるところに信仰《しんこう》を、
誤《あやま》っているところに真理《しんり》を、
絶望《ぜつぼう》のあるところに希望《きぼう》を、
闇《やみ》に光《ひかり》を、
悲《かな》しみのあるところに喜《よろこ》びをもたらすものとしてください。

慰《なぐさ》められるよりは慰《なぐさ》めることを、
理解《りかい》されるよりは理解《りかい》することを、
愛《あい》されるよりは愛《あい》することを、わたしが求《もと》めますように。

わたしたちは、与《あた》えるから受《う》け、ゆるすからゆるされ、
自分《じぶん》を捨《す》てて死《し》に、
永遠《えいえん》のいのちをいただくのですから。

アーメン

（女子《じょし》パウロ会訳《かいやく》より）

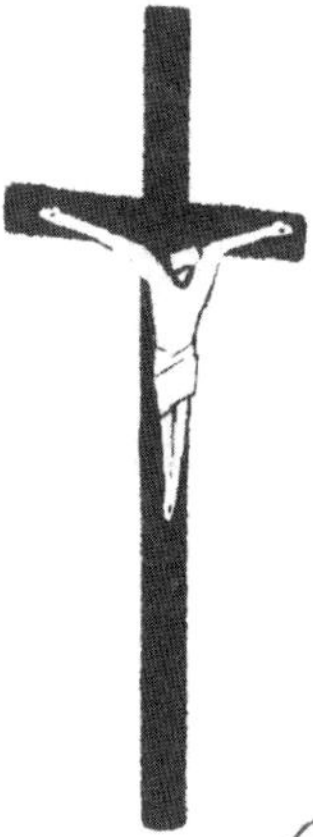

すみきったお祈《いの》りのときがすぎると、近《ちか》くの教会《きょうかい》から神父《しんぷ》が来《こ》られて、ミサが始《はじ》まりました。神《かみ》とのふれあいのときです。神《かみ》は、「われは生《い》けるパンなり。」と言《い》われました。

マザーたちは、神父《しんぷ》の手《て》から、パンの姿《すがた》をした聖体《せいたい》（イエス・キリストのからだ）を口《くち》にいただき、キリストと一体《いったい》になりました。

このときがあって、今日一日《きょういちにち》、まずしい人《ひと》びとに仕《つか》える勇気《ゆうき》と力《ちから》が、あたえられるのです。キリストの愛《あい》は、マザーたちをとおして、まずしい人《ひと》びとにつたえられます。

最愛《さいあい》の主《しゅ》よ、病《や》んでいる人《ひと》は、あなたの大切《たいせつ》な人《ひと》。
今日《きょう》も、いつも、病人《びょうにん》ひとりひとりのうちに、
あなたを見《み》ることができますように。
看病《かんびょう》しながら、あなたに仕《つか》えることができますように……。

みんなが聖体《せいたい》をいただき、ミサが終《お》わりました。

いつのまにか、外《そと》が明《あか》るくなっていて、朝《あさ》の太陽《たいよう》が聖堂《せいどう》にさしこんできました。外《そと》からは、町《まち》の朝《あさ》のざわめきが聞《き》こえてきます。自動車《じどうしゃ》や電車《でんしゃ》の走《はし》る音《おと》、物売《ものう》りの声《こえ》や荷車《にぐるま》を引《ひ》く音《おと》もひびきます。

6時半《じはん》、シスターたちは、聖堂《せいどう》を出《で》て、粗末《そまつ》な朝食《ちょうしょく》をとります。小麦粉《こむぎこ》をこねて、せんべいのようにのばして焼《や》いたチャパティ（インドのパン）と野菜《やさい》の煮《に》こみ、それにコップ1杯《ぱい》の水《みず》だけ。まずしい人《ひと》びとのなかにいて、まずしい人《ひと》びとと同《おな》じものを食《た》べるというのが『神《かみ》の愛《あい》の宣教者会《せんきょうしゃかい》』の生《い》き方《かた》です。

マザーははじめ、もっともまずしい人《ひと》びとと、まったく同《おな》じまずしさを実行《じっこう》しようと、米《こめ》と塩《しお》だけの食事《しょくじ》をするつもりでいました。

でも、父《ちち》なる神《かみ》は、そのようなまずしさをのぞんではいなかったのでしょう。仕事《しごと》を一人前《いちにんまえ》にやるには、体力《たいりょく》がいるということがすぐわかり、おかずも食《た》べるようになりました。

朝食《ちょうしょく》がすむと、そうじと洗濯《せんたく》をします。

シスターも、修練者《しゅうれんしゃ》も、中庭《なかにわ》へ出《で》て、それぞれのバケツに、手押《てお》しポンプで水《みず》をくみ、昨日着《きのうき》たサリーを洗《あら》います。

マザーもシスターたちも、自分《じぶん》の持《も》ちものといえば、ロザリオと聖書《せいしょ》、3枚《まい》のサリーとゴムぞうり、それに、洗濯用《せんたくよう》のバケツだけ。ですから、洗濯《せんたく》は毎日《まいにち》しないと、着《き》がえができませんでした。

あるとき、洗濯機《せんたくき》を寄付《きふ》したいと申《もう》しでてくれた人《ひと》がありました。

マザーは、シスターたちに聞《き》きました。

「神《かみ》は、みなさんに、洗濯機《せんたくき》がいると思《おも》われたのでしょうか。」

「マザー、自分《じぶん》の着《き》るものは自分《じぶん》で洗《あら》います。神《かみ》には、おことわりするしかありません。」

シスターたちもまた、まずしい人《ひと》びとが苦《くる》しんでいるのに、自分《じぶん》たちだけが楽《らく》をしようなどと、けっして考《かんが》えませんでした。

ですから、『神《かみ》の愛《あい》の宣教者会《せんきょうしゃかい》』の本部《ほんぶ》、マザーハウスには、近代的《きんだいてき》な機具《きぐ》といえば、お客用《きゃくよう》の扇風機《せんぷうき》1台《だい》と、電話《でんわ》1台《だい》しかありません。

「なにも持《も》っていない人《ひと》たちの気持《きも》ちをわかり、手《て》をさしのべるには、わたしたちも、かれらのように、生《い》きなければなりません。」

と、マザーは、いつも言《い》っていました。

明《あか》るくさわやかに、朝《あさ》の仕事《しごと》が終《お》わりました。

マザーもシスターたちも、それぞれの仕事場《しごとば》に出《で》かける時間《じかん》です。

移動診療車《いどうしんりょうしゃ》は、町《まち》から村《むら》へ、薬《くすり》や食《た》べものを積《つ》んで、検診《けんしん》に出《で》かけていきました。

〈ハンセン病患者《びょうかんじゃ》のためのセンター〉や〈平和《へいわ》の村《むら》〉へ、シスターや荷物《にもつ》をのせて、トラックが出発《しゅっぱつ》しました。

〈スラムの学校《がっこう》〉へ、子《こ》どもたちを教《おし》えにいくシスターたちは、歩《ある》いて出《で》かけました。

〈死《し》を待《ま》つ人《ひと》の家《いえ》〉〈孤児《こじ》の家《いえ》〉へ、そして給食《きゅうしょく》サービス、病人《びょうにん》の家《いえ》の見《み》まわりへと、ほとんどのシスターと修練者《しゅうれんしゃ》たちが、電車《でんしゃ》に乗《の》ったり、歩《ある》いたりして、出《で》かけていきました。

マザーハウスの、正面《しょうめん》2階《かい》のかべの外《そと》に立《た》つマリア像《ぞう》が、シスターたちを見送《みおく》っています。

マザーは、わかいシスターといっしょに、〈孤児《こじ》の家《いえ》〉へ行《い》くことにしました。

マザーハウスを出《で》ると、電車通《でんしゃどお》りはもう、朝《あさ》の混雑《こんざつ》が始《はじ》まっていました。道《みち》ばたの石《いし》ころだらけのごみの中《なか》に、犬《いぬ》が鼻《はな》をつっこんで、食《た》べものをあさっています。

そのすぐ横《よこ》の道《みち》ばたで、七輪《しちりん》（こんろのようなもの）になべをかけ、朝《あさ》のチャイ（紅《こう》茶《ちゃ》）をわかしている人《ひと》がいました。小《ちい》さな荷車《にぐるま》の上《うえ》に、ピーナツをのせて、売《う》っている人《ひと》もいました。

小屋《こや》の横手《よこて》から「マザー。」、「マザー。」と声《こえ》がかかりました。マザーがふりむくと、子《こ》どもが顔《かお》を出《だ》して、にっとわらって、引《ひ》っこみました。

マザーも、にこにこして、歩《ある》きました。

しばらく行《い》くと、小屋《こや》の前《まえ》に子《こ》どもがふたりで、ぺたんとすわっていました。ふたりとも、ぼろのシャツを着《き》ていましたが、下《した》にはなにもはいていません。細《ほそ》い足《あし》を投《な》げだして、立《た》ちあがるのもおっくうそうでした。

「お母《かあ》さんは、いないの？」

マザーが小屋《こや》をのぞくと、母親《ははおや》と6人《にん》の子《こ》どもが、横《よこ》になっていました。

飢《う》えているのが、その目《め》からもわかりました。

マザーは、肩《かた》からさげた布《ぬの》ぶくろから、お米《こめ》のふくろを出《だ》して、母親《ははおや》にわたしました。

「元気《げんき》を出《だ》してね。」

母親《ははおや》は、マザーに手《て》を合《あ》わせると、お米《こめ》を半分《はんぶん》とりわけて、だまって外《そと》へ出《で》ていきました。子《こ》どもたちは、にこにこしてマザーを見《み》ています。シスターは、すわっていた子《こ》の、よごれたおしりをふいてやりました。

そこへ、母親《ははおや》が手《て》ぶらでもどってきました。

「どこへ行《い》ってきたの、さっきのお米《こめ》はどうしたの。」

と、マザーが聞《き》くと、母親《ははおや》は、ほほえんで言《い》いました。

「裏《うら》のうちへ、分《わ》けてあげました。あの人《ひと》たちも、昨日《きのう》からなにも食《た》べていないんです。」

子《こ》どもたちも、うれしそうに、母親《ははおや》を見上《みあ》げていました。

「あなただって、子《こ》どもが多《おお》いのに……でも、すばらしいことをしてくれました。きっと、神《かみ》さまのおめぐみがありますよ。」

マザーは、小屋《こや》を出《で》ると、シスターに言《い》いました。

「まずしい人《ひと》ほど、すばらしいと思《おも》いませんか。これこそ愛《あい》の行為《こうい》です。美《うつく》しい家庭《かてい》です。」

マザーは、うれしさをからだいっぱいに表《あらわ》して、たったと早足《はやあし》で歩《ある》きました。

〈孤児《こじ》の家《いえ》〉が近《ちか》づくと、まずしい人《ひと》びとが、なべや、空《あ》き缶《かん》を持《も》って、ならんでいました。

『神《かみ》の愛《あい》の宣教者会《せんきょうしゃかい》』が日曜日《にちようび》以外《いがい》、毎日配《まいにちくば》っている給食《きゅうしょく》をもらいにきている人《ひと》びとです。子《こ》どもやお年寄《としよ》り、女性《じょせい》に交《ま》じって、大人《おとな》の男性《だんせい》も何人《なんにん》かいました。

マザーが通《とお》ると、ここでも、行列《ぎょうれつ》のあちこちから「マザー。」とよぶ声《こえ》がしました。だれもが「よんでみたかっただけ。」というように、はずかしそうにわらっていました。

高《たか》い塀《へい》で囲《かこ》まれた〈孤児《こじ》の家《いえ》〉の木戸《きど》をくぐると、中庭《なかにわ》で給食《きゅうしょく》の準備中《じゅんびちゅう》でした。

カレーのにおいが、ぷんとします。ならんだ大《おお》きなドラム缶《かん》の中《なか》には、カレー味《あじ》の米《こめ》と豆《まめ》の雑炊《ぞうすい》が、煮《に》えているはずでした。

シスターたちを手《て》つだって、ボランティアの女性《じょせい》や学生《がくせい》たちが、いそがしそうにはたらいていました。

マザーは、にこやかに声《こえ》をかけました。

「みなさん、いつもお手《て》つだいを、ありがとうございます。」

　すると、よく寄付《きふ》をしてくれるヒンズー教徒《きょうと》の奥《おく》さんが、上気《じょうき》した顔《かお》で言《い》いました。

「いいえ、マザー。お礼《れい》を言《い》うのは、わたしたちのほうです。神《かみ》のために、なにかよいことをする機会《きかい》を、あなたはわたしたちにあたえてくださったんですもの……。」

　悪《わる》いこともつたわりますが、よいことも、またつたわるものです。

「神《かみ》のために、すばらしいことをしよう。」

という愛《あい》の行《おこな》いは、宗教《しゅうきょう》のちがいをこえて、世界中《せかいじゅう》にあるマザーの施設《しせつ》のまわりでも広《ひろ》がり、おおぜいの人《ひと》びとが協力《きょうりょく》してくれています。カルカッタでは、旅行《りょこう》の途中《とちゅう》に立《た》ちよった人《ひと》が、1日《にち》、2日《ふつか》と、仕事《しごと》を助《たす》けていくこともありました。まずしい人《ひと》びとの給食《きゅうしょく》も、世界中《せかいじゅう》の人《ひと》びとの寄付《きふ》のおかげで、配《くば》りつづけることができます。

　10時《じ》。給食《きゅうしょく》が始《はじ》まりました。

　お手《て》つだいの女性《じょせい》たちは、給食《きゅうしょく》カードをたしかめて、ひとりひとりのさしだす入《い》れものに、雑炊《ぞうすい》を入《い》れます。

なべ1杯《ぱい》の雑炊《ぞうすい》が、今日一日《きょういちにち》、七、八人《にん》の家族《かぞく》の、飢《う》えをしのぐのです。

もらった人《ひと》たちは、それぞれの家族《かぞく》の待《ま》つところへ、散《ち》っていきました。

マザーは、中庭《なかにわ》から建物《たてもの》に入《はい》っていきました。子《こ》どもたちの元気《げんき》な声《こえ》が、わっとしました。部屋《へや》のすみで、今朝《けさ》ひろわれてきたばかりの赤《あか》ちゃんを、シスターが手当《てあ》していました。

目《め》ばかり大《おお》きいやせた赤《あか》ちゃんで、ひふがしわしわでした。

かたわらで手《て》つだっていた女《おんな》の人《ひと》が、ぽつんと言《い》いました。

「この子《こ》は、30年《ねん》まえのわたしなのね。」

「そうよ、ミトラ。あなたもわたしの、大切《たいせつ》な子《こ》でしたよ。」

マザーは、それはそれはやさしい顔《かお》でほほえみました。

道《みち》でひろわれ〈孤児《こじ》の家《いえ》〉で育《そだ》てられたミトラは、学校《がっこう》へ行《い》くようになったとき、青《あお》い目《め》の外国人《がいこくじん》の写真《しゃしん》を、マザーから見《み》せられました。

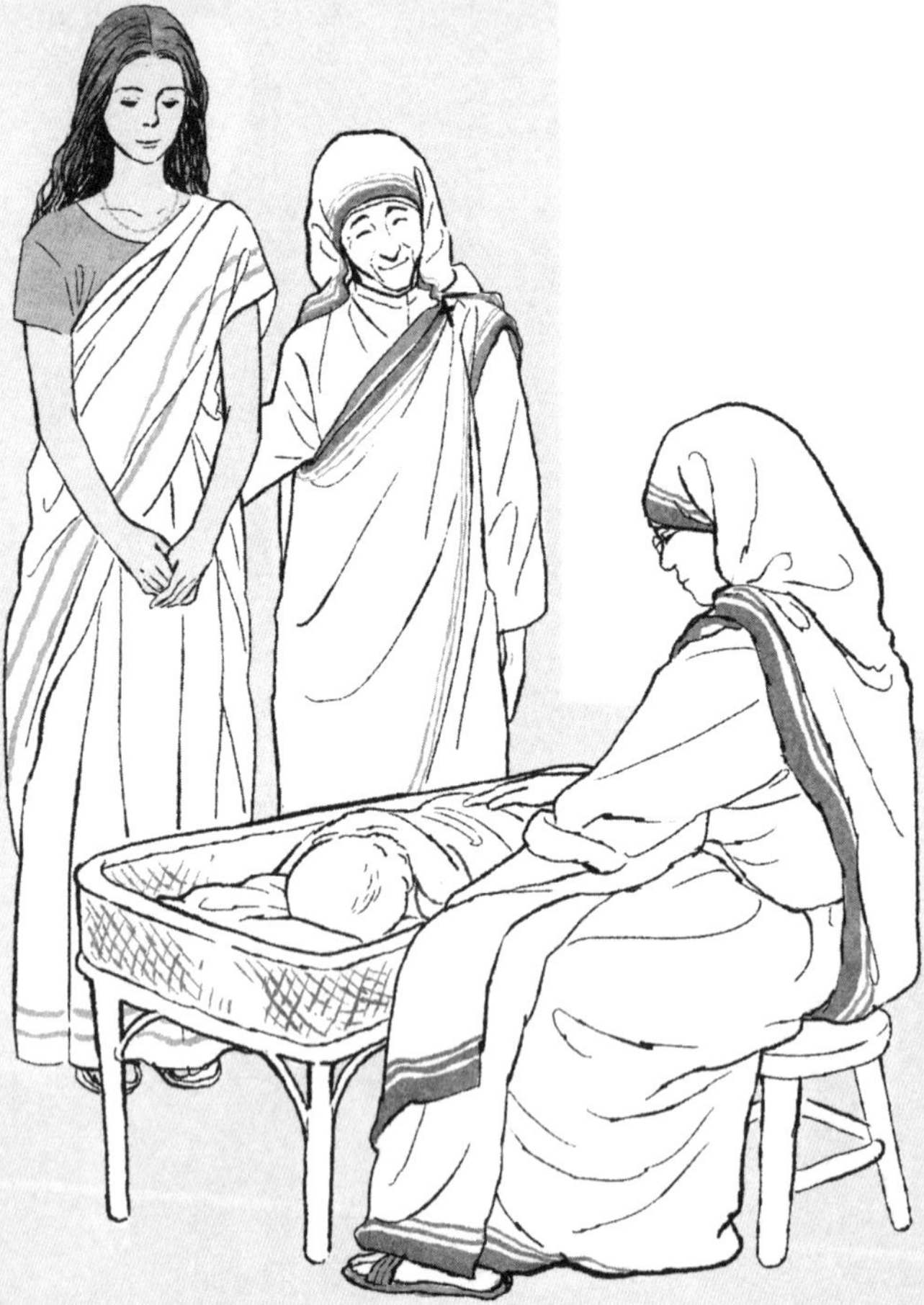

「この人《ひと》が、パパの代《か》わりに、あなたを学校《がっこう》に行《い》かせてくれる人《ひと》ですよ。」

ミトラは、見《み》たこともないアメリカ人《じん》の里親《さとおや》から送《おく》られてくるお金《かね》で、学校《がっこう》を卒業《そつぎょう》し、仕事《しごと》につきました。いまは結婚《けっこん》をして子《こ》ども生《う》まれ、幸《しあわ》せにくらしています。

子《こ》どもが学校《がっこう》へ行《い》っているあいだだけ、マザーの仕事《しごと》を手《て》つだっていました。

孤児《こじ》のなかには、ほんとうに、外国人《がいこくじん》の子《こ》どもになって、アメリカやイギリスなどでくらしている子《こ》もいます。マザーたちは、孤児《こじ》たちに、幸《しあわ》せな家庭《かてい》をあたえるために、そういう仕事《しごと》もしていました。

ミトラのように、この〈孤児《こじ》の家《いえ》〉へ引《ひ》きとられた幸運《こううん》な子《こ》どもは、1984年《ねん》までに、およそ1万《まん》2000人《にん》にもなりました。

マザーは〈死《し》を待《ま》つ人《ひと》の家《いえ》〉へまわるブラザーの車《くるま》で、カーリーガートへ行《い》きました。

今日《きょう》も、カーリー寺院《じいん》は、お参《まい》りの人《ひと》でにぎわっていました。

マザーが車《くるま》をおりて、女子病棟《じょしびょうとう》の前《まえ》まで行《い》くと、男《おとこ》の子《こ》がかけよってきて、言《い》いました。

「ぼくのお母《かあ》さんは、カーリー寺院《じいん》でたおれて、この家《いえ》で死《し》んだんだ。マザー、ありがとう。お母《かあ》さんはカーリーガートでけむりになって、天国《てんごく》へ行《い》ったよ。」

この子《こ》のお母《かあ》さんは、ここで亡《な》くなり、カーリーガートで火葬《かそう》されたのでしょう。

カーリーガートはいまも、ヒンズー教徒《きょうと》の死《し》にゆく場所《ばしょ》でした。

〈死《し》を待《ま》つ人《ひと》の家《いえ》〉では、つれてこられた人《ひと》に、聞《き》けるかぎりその宗教《しゅうきょう》を聞《き》きます。そして亡《な》くなったときは、その宗教《しゅうきょう》のやり方《かた》で、天国《てんごく》へ行《い》けるようにつとめていました。

マザーは、男《おとこ》の子《こ》の手《て》をとりました。

「ありがとう。わざわざそれを言《い》いにきてくれたのね。いまわたしは、すくわれました。お礼《れい》を言《い》うのは、わたしのほうですよ。」

男《おとこ》の子《こ》は、マザーの手《て》をにぎりかえすと、ふりかえりふりかえり、帰《かえ》っていきました。

〈死《し》を待《ま》つ人《ひと》の家《いえ》〉の中《なか》も、ごったがえしていました。

マザーは、まだ青《あお》いふちどりのない、白《しろ》いサリーの修練者《しゅうれんしゃ》たちに声《こえ》をかけました。

「そろそろお昼《ひる》ですよ。あなたたちは、もうお帰《かえ》りなさい。」

「はい、マザー。」

修練者《しゅうれんしゃ》には、昼《ひる》の食事《しょくじ》のあと、修道院《しゅうどういん》で、シスターになるための勉強《べんきょう》がびっしりありました。仕事《しごと》は修道会《しゅうどうかい》でたのんだ医師《いし》や看護師《かんごし》、それにボランティアの人《ひと》たちが、引《ひ》きついでくれます。

修練者《しゅうれんしゃ》たちがもどっていくと、マザーは、病人《びょうにん》のひとりひとりの手《て》をとり、口《くち》もとに耳《みみ》をよせて、その声《こえ》を聞《き》きました。そして今度《こんど》は、病人《びょうにん》の耳《みみ》へ自分《じぶん》の口《くち》をよせ、

「神《かみ》さまが、あなたを守《まも》ってくださいますよ。安心《あんしん》して病気《びょうき》をなおしましょうね。」

と語《かた》りかけました。

口《くち》のきけない人《ひと》も、手《て》をにぎりかえす力《ちから》のない人《ひと》も、目《め》もとに、ぽっとやさしい光《ひかり》を見《み》せて、マザーを見《み》つめかえしました。

この日《ひ》も、マザーに手《て》をとられ、

「ありがとう。」

と、つぶやいて死《し》んでいった人《ひと》がいました。

どこの施設《しせつ》でもそうですが、カルカッタ中《じゅう》のたおれた人《ひと》を、引《ひ》きとることはできません。

でも、少《すく》なくともこの人《ひと》は、安《やす》らかな気持《きも》ちで、天国《てんごく》への切符《きっぷ》を手《て》に入《い》れたにちがいないと、マザーは信《しん》じました。

〈死《し》を待《ま》つ人《ひと》の家《いえ》〉に収容《しゅうよう》された人《ひと》は、1984年《ねん》までに4万《まん》7000人《にん》をこえました。そのうちおよそ半分《はんぶん》の人《ひと》が、亡《な》くなりました。

「マザー、12時半《じはん》です。わたしたちももどりましょうか。」

「そうね。では3時《じ》まで、あとをよろしく。」

マザーやシスターたちも、食事《しょくじ》のために、修道院《しゅうどういん》へもどりました。

シスターたちは、3時《じ》までに食事《しょくじ》をすませ、休憩《きゅうけい》をとります。そのあと7時半《じはん》まで、またきびしい仕事《しごと》をつづけました。

夕食《ゆうしょく》は、チャパティと野菜《やさい》の煮《に》こみ、コップ1杯《ぱい》の水《みず》でした。

夕食《ゆうしょく》のあとは、夜《よる》のお祈《いの》りです。

修道女《しゅうどうじょ》にとって、早朝《そうちょう》と夜《よる》のお祈《いの》りは、もっとも大切《たいせつ》なものです。

マザーは、いつも、

「わたしたちの仕事《しごと》は、神《かみ》とともにあることです。」

と言《い》っていました。

マザー・テレサの、まずしい人《ひと》びとへの奉仕活動《ほうしかつどう》は、祈《いの》りのひとつの形《かたち》なのでしょう。

そうぞうしいカルカッタの一日《いちにち》が、終《お》わろうとしています。明日《あす》もまた、マザーとシスターたちは、白《しろ》いサリーをひるがえし、さっそうと、愛《あい》を運《はこ》んでいくことでしょう。

愛《あい》すること、わかちあうこと

ノーベル平和賞《へいわしょう》を受賞《じゅしょう》したマザー・テレサは、日本《にっぽん》でも有名《ゆうめい》になりました。受賞《じゅしょう》から3年目《ねんめ》の1981年《ねん》4月《がつ》22日《にち》、マザーは、「平和《へいわ》のための宗教者《しゅうきょうしゃ》の研究集会《けんきゅうしゅうかい》」に講師《こうし》として出席《しゅっせき》するため、はじめて日本《にっぽん》をおとずれました。

マザーは、講演《こうえん》や集会《しゅうかい》に参加《さんか》したほか、「神《かみ》の愛《あい》をわかちあいたいから。」と、いそがしく各地《かくち》をかけめぐり、まずしい人《ひと》びとをたずねました。

日本《にっぽん》には、カルカッタのようなスラムはありません。でも、身《み》よりのないまずしい人《ひと》たちが集《あつ》まって、その日《ひ》ぐらしをしている地区《ちく》があることを、マザーは知《し》っていました。

マザーは、朝早《あさはや》く、そのひとつ、東京都台東区《とうきょうとたいとうく》の山谷《さんや》をおとずれました。山谷《さんや》には、1978年《ねん》から、すでに、マザーの『神《かみ》の愛《あい》の宣教者会《せんきょうしゃかい》』の修道士《しゅうどうし》のセンターが開《ひら》かれ、3人《にん》のブラザーがはたらいていました。マザーは、そこで、一日《いちにち》の仕事《しごと》にありつけず、がっかりしている人《ひと》びとをはげましました。

そして、昼間《ひるま》の会議《かいぎ》をすませると、日本人《にほんじん》シスターといっしょに、だれにも知《し》られずに、大阪《おおさか》に行《い》き、身《み》よりがなく、その日《ひ》ぐらしの人《ひと》の多《おお》い地区《ちく》をたずねました。

そこには、一日《いちにち》はたらいてもらったお金《かね》を全部《ぜんぶ》使《つか》ってお酒《さけ》を飲《の》み、道《みち》ばたにねころがっている人《ひと》もいました。

近《ちか》くを通《とお》る人《ひと》は、声《こえ》もかけません。それどころか、よけていく人《ひと》もいました。

次《つぎ》の日《ひ》、マザーは、帰《かえ》りの新幹線《しんかんせん》の中《なか》で、アイスクリームを食《た》べました。食《た》べおわり、そなえつけの紙《かみ》コップで水《みず》を飲《の》むと、アイスクリームについていたプラスチックのスプーンと紙《かみ》のコップをきれいにふいて、自分《じぶん》のふくろにしまいました。

いっしょに乗《の》っていた日本人《にほんじん》のシスター白井《しらい》が、「これは、使《つか》ったらすてていいのですよ。」と言《い》うと、

「インドでは、この紙《かみ》やスプーンが、大切《たいせつ》なのです。」

と言《い》って、マザーはわらいました。

その日《ひ》、マザーは講演会《こうえんかい》で、おおぜいの人《ひと》を前《まえ》に話《はな》しました。

「わたしは、この豊《ゆた》かな国《くに》で、大《おお》きな、心《こころ》のまずしさを見《み》ました。日本《にっぽん》は美《うつく》しい国《くに》なのに、なぜだれも、道《みち》にたおれている人《ひと》に、手《て》をかそうとしないのですか。その人《ひと》が、飲《の》んだくれだからでしょうか。でも、この人《ひと》もだれかの父《ちち》、だれかの夫《おっと》、だれかの兄弟《きょうだい》、だれかの子《こ》ではありませんか。

人間《にんげん》にとって、ほんとうのまずしさとは、社会《しゃかい》から見《み》すてられ、自分《じぶん》は、だれからも必要《ひつよう》とされないと思《おも》うことです……。」

マザーの声《こえ》は、とても静《しず》かでしたが、聴《き》いている人《ひと》の胸《むね》に、大《おお》きくひびきました。

マザーは、日本《にっぽん》での1週間《しゅうかん》に、わかい人《ひと》、母親《ははおや》、学生《がくせい》、医師《いし》や看護師《かんごし》、国会議員《こっかいぎいん》など、おおぜいの人《ひと》たちと語《かた》りあいました。

「世界《せかい》の、飢《う》えている人《ひと》びとのために、ぼくたちでもなにかできますか。」

と、学生《がくせい》が聞《き》きました。

「愛《あい》を実行《じっこう》することです。そのとき大切《たいせつ》なことは、どんなにすばらしいことをするかではなく、どれだけの愛《あい》を注《そそ》いだかということです。」

マザーはそう言《い》って、ひとつのできごとを話《はな》しました。

もう何年《なんねん》もまえの、カルカッタでの話《はなし》です。

ヒンズー教徒《きょうと》の4歳《さい》のぼうやが、小《ちい》さいびんにお砂糖《さとう》を入《い》れて、持《も》ってきてくれました。

「幼稚園《ようちえん》で、先生《せんせい》が、マザーの家《いえ》にはお砂糖《さとう》がないって、言《い》ってたの。だから……。」

だから、自分《じぶん》で考《かんが》えて、3日間《みっかかん》お砂糖《さとう》を食《た》べないでがまんして、3日分《みっかぶん》をためて持《も》ってきてくれたのです。

「これは、小《ちい》さな行《おこな》いです。でも、この子《こ》は、自分《じぶん》が、いたい思《おも》いをしてまであたえる、大《おお》きな愛《あい》を教《おし》えてくれました。

みなさんも、わかちあってください。

この日本《にっぽん》にも、ほほえみあう相手《あいて》がいないでくらしているお年寄《としよ》りや病人《びょうにん》がいるでしょう。

からだの不自由《ふじゆう》な兄弟《きょうだい》や友《とも》だちはいませんか。その人《ひと》たちに、いますこし、親切《しんせつ》に、思《おも》いやりを分《わ》けてあげてください。愛《あい》は、まず家庭《かてい》から始《はじ》め、それからおとなりへと広《ひろ》げていってください。

目《め》の不自由《ふじゆう》な人《ひと》がいたら、ちょっと行《い》って新聞《しんぶん》を読《よ》んであげるとか……。」

マザーは、講演会《こうえんかい》のあと、マザーに花《はな》たばをわたした小《ちい》さな子《こ》たちに、にこにこして言《い》いました。

「お父《とう》さんお母《かあ》さんに、感謝《かんしゃ》しましょう。兄弟《きょうだい》、友《とも》だちを愛《あい》するのですよ。大《おお》きくなったら、あなたたちの助《たす》けがいる人《ひと》に、つくしてください。」

マザー・テレサは、インドに帰《かえ》ったすぐあと、マザーの修道会《しゅうどうかい》から、4人《にん》のシスターを日本《にっぽん》へ旅立《たびだ》たせました。

そして、東京都江東区《とうきょうとこうとうく》の古《ふる》い保育園《ほいくえん》を手直《てなお》しして、修道院《しゅうどういん》を開《ひら》きました。

それは、赤《あか》ちゃんができたのに、結婚《けっこん》できない女《おんな》の人《ひと》が、安心《あんしん》して赤《あか》ちゃんを産《う》める家《いえ》でした。そして、引《ひ》き取《と》り手《て》のない赤《あか》ちゃんを育《そだ》ててくれる家《いえ》でもあります。

「おなかのなかにいる赤《あか》ちゃんも、神《かみ》のおくりもの、いろいろなわけがあって産《う》めないからと、命《いのち》をうばってはいけません。それは、平和《へいわ》を殺《ころ》すことになるのです。」

マザーは、日本《にっぽん》でも愛《あい》をわかちあおうと、はたらきはじめてくれたのです。

その後《ご》、マザー・テレサは1982年《ねん》と1984年《ねん》にも、日本《にっぽん》に来《き》ました。

いそがしいマザーですから、いずれも短《みじか》い滞在《たいざい》でした。各地《かくち》をかけめぐって神《かみ》の愛《あい》を語《かた》り、平和《へいわ》を語《かた》り、人《ひと》びとの胸《むね》にうったえました。

1982年《ねん》4月《がつ》には、原爆《げんばく》が落《お》とされた長崎《ながさき》をおとずれました。

「核兵器《かくへいき》は、世界《せかい》のまずしい人《ひと》びとを、まっ先《さき》に殺《ころ》すでしょう。こういうことが二度《にど》と起《お》こらないよう、いっしょに祈《いの》りましょう。」

マザーは、被爆《ひばく》した人《ひと》がくらしているホームをたずね、お年寄《としよ》りをはげまし、爆心《ばくしん》地《ち》の平和公園《へいわこうえん》で、平和《へいわ》の祈《いの》りをささげました。

愛《あい》にみちた、平和《へいわ》な世界《せかい》にするために……。

1984年《ねん》11月《がつ》には、被爆地広島《ひばくちひろしま》での「平和《へいわ》の集《つど》い」に参加《さんか》しました。

弱《よわ》い者《もの》に、温《あたた》かい目《め》を配《くば》りつづけるマザー・テレサは、その後《ご》、1986年《ねん》1月《がつ》、アメリカのニューヨークに市長《しちょう》をたずねてたのみました。

「エイズ患者《かんじゃ》が、おだやかにくらせる看護院《かんごいん》をたてたいのです。どこかに広《ひろ》い土地《とち》を提供《ていきょう》していただけませんか。」

エイズは、現在《げんざい》は治療法《ちりょうほう》も確立《かくりつ》されていますが、当時《とうじ》はまだ、原因《げんいん》も治療法《ちりょうほう》もわからない病気《びょうき》でした。かかるとなおりにくく、血液《けつえき》などを通《とお》して伝染《でんせん》するため、まわりの人《ひと》から、ひどくおそれられ、差別《さべつ》されていたのです。

マザーは、ハンセン病患者《びょうかんじゃ》の人《ひと》びとと同《おな》じように、シスターの看護《かんご》を受《う》けながら、はたらける人《ひと》は農場《のうじょう》ではたらけるようにと考《かんが》えたのです。

広《ひろ》い農場《のうじょう》はともかく、目《め》の前《まえ》に苦《くる》しんでいる人《ひと》がいたら、すぐ手《て》をさしのべるのがマザーです。

さっそく、エイズ患者《かんじゃ》の多《おお》いニューヨークに、2か所《しょ》の施設《しせつ》を開《ひら》きました。

ここには、この年《とし》、62人《にん》の患者《かんじゃ》が収容《しゅうよう》され、そのうち29人《にん》が亡《な》くなりました。絶望《ぜつぼう》しかなかったエイズ患者《かんじゃ》も、シスターの温《あたた》かい看護《かんご》と、祈《いの》りにみちびかれ、天国行《てんごくい》きの切符《きっぷ》をもらえたにちがいありません。

その後《ご》もマザーは、まずしさのためにこまっている人《ひと》びとがいると聞《き》けば、世界中《せかいじゅう》のどこにでもでかけ、「あなたも大切《たいせつ》なひとですよ。」と手《て》をさしのべ、はげましつづけました。

でも、マザーもだいぶ年《とし》をとりました。

ある日《ひ》、旅先《たびさき》のローマで、心臓発作《しんぞうほっさ》をおこしてしまいました。はたらきつづけたからだが悲鳴《ひめい》をあげたのでしょう。

そこでマザーは、『神《かみ》の愛《あい》の宣教者会《せんきょうしゃかい》』の総長《そうちょう》(代表《だいひょう》)を、若《わか》いシスターにかわってもらおうと思《おも》いました。でも、シスターたちの強《つよ》い希望《きぼう》で、かないませんでした。

マザーは、心臓《しんぞう》にペースメーカー(心臓《しんぞう》の働《はたら》きを助《たす》ける装置《そうち》)をつけて、ふたたび世《せ》界《かい》をかけめぐりましたが、若《わか》いころのようにはいきません。転《ころ》んで骨《ほね》をいためたり、昔《むかし》かかったマラリアのせいで高熱《こうねつ》が出《で》たり、また心臓《しんぞう》の手術《しゅじゅつ》をうけたりしました。かなり容体《ようだい》が悪《わる》くなり、もう立《た》ちあがれないのではないか、ということも何度《なんど》かありましたが、そのたびに不死鳥《ふしちょう》のようによみがえりました。そして、すこしよくなると、医師《いし》が止《と》めても退院《たいいん》し、カルカッタのマザーハウスにもどりたがりました。

でも退院《たいいん》すると、マザーに会《あ》いたいとたずねてくる人《ひと》がたくさんいます。それらの人《ひと》びと会《あ》うのもマザーの大事《だいじ》な仕事《しごと》ですから、朝早《あさはや》くのお祈《いの》りから夜《よる》ねる前《まえ》のお祈《いの》りまで、一日中仕事《いちにちじゅうしごと》がありました。そして、はたらくときのマザーは、いつも笑顔《えがお》でいましたから、マザーがどんなにつらいかなんて、みんな気《き》づきませんでした。さすがにそばにいるシスターにうながされ、ときどきベッドに横《よこ》になりましたが、いそがしい一日《いちにち》であることにかわりはなかったのです。

1997年《ねん》3月《がつ》、ようやくカルカッタのカトリック会《かい》から、『神《かみ》の愛《あい》の宣教者会《せんきょうしゃかい》』2代目総長《だいめそうちょう》に、シスター・ニルマラがえらばれました。

マザーは安心《あんしん》したのか、すこし落《お》ちついたように見《み》えました。けれども、ほどなくして悲《かな》しいことが起《お》きました。4月9日《がつここのか》、インドに来《き》た最初《さいしょ》のころから、マザーの活動《かつどう》を助《たす》けつづけてくれていたシスター・アグネスが、がんのため亡《な》くなったのです。

それでもマザーは、強《つよ》い意志《いし》で起《お》きあがり、新《あたら》しいシスターたちの誓願式《せいがんしき》に出席《しゅっせき》するためローマに行《い》きました。

そして8月《がつ》26日《にち》、マザーはカルカッタのマザーハウスで87歳《さい》の誕生日《たんじょうび》をいわってもらっていました。

1997年《ねん》9月5日《がついつか》、その日《ひ》もいつもと同《おな》じように始《はじ》まりました。マザーは、自分《じぶん》の部屋《へや》で朝《あさ》のお祈《いの》りをしたあと、ミサのために聖堂《せいどう》に行《い》きました。ミサのあと、マザーを待《ま》っていた人《ひと》びとと会《あ》って彼《かれ》らをなぐさめ、朝食《ちょうしょく》のあと一日《いちにち》の仕事《しごと》を始《はじ》めました。

シスター・ニルマラが、「今日《きょう》はこれでじゅうぶんです。」と、止《と》めると、マザーは、「わたしは急《せ》いているのです。」と言《い》い、午前中《ごぜんちゅう》はたらきつづけました。

昼食《ちゅうしょく》は自分《じぶん》の部屋《へや》でとりましたが、シスターたちとともにお祈《いの》りをしたあと、また、待《ま》っている人《ひと》びとに会《あ》いに出《で》ていき、ベッドにもどったとき、シスター・ニルマラに、「胸《むね》がいたい。」とうったえました。

医師《いし》でもあるシスター・ガートルードが、マザーの左足《ひだりあし》をマッサージしていると、マザーは、「左足《ひだりあし》ばかりかまうから、右足《みぎあし》が嫉妬《しっと》してるわよ。」と、冗談《じょうだん》を言《い》いました。それから、自分《じぶん》が参加《さんか》できない聖体賛美式《せいたいさんびしき》に、「わたしの代《か》わりにイエスのところに行《い》きなさい。」とシスター・ガートルードをうながし、お祈《いの》りをさせました。

午後《ごご》8時《じ》、マザーは、

「息《いき》ができません。」

と言《い》いました。そして、

「イエスよ、あなたを信《しん》じます。あなたにおまかせします。」

と祈《いの》り、教区《きょうく》の司祭《しさい》であるハンセル神父《しんぷ》さまの、神《かみ》の恵《めぐ》みをあたえるための祈《いの》りにこたえました。

そのときは、マザーハウスにいたシスターたちのほとんどが、マザーのまわりに集《あつ》まっていました。そしてマザーをささえて起《お》きあがらせ、祈《いの》っていました。

いつもと同《おな》じに、一日中楽《いちにちじゅうたの》しそうに人《ひと》びとと会《あ》い、わらい、祈《いの》ったマザーは、みんなの祈《いの》りにつつまれ、愛《あい》するイエスのもとに召《め》されました。

マザー・テレサ、87歳《さい》でした。

この日《ひ》のことは、世界中《せかいじゅう》の『神《かみ》の愛《あい》の宣教者会《せんきょうしゃかい》』の人《ひと》びとに、手紙《てがみ》で知《し》らされました。

マザーの、もっともまずしい人《ひと》びとにささげた愛《あい》と祈《いの》りの活動《かつどう》は、受《う》けついだシスターやブラザーたちの手《て》で、より確《たし》かなものになっていくでしょう。

マザー・テレサの葬儀《そうぎ》は、1週間後《しゅうかんご》の9月《がつ》13日《にち》、インド国葬《こくそう》として行《おこな》われ、各国《かっこく》からおよそ1万人《まんにん》が参列《さんれつ》しました。

葬儀《そうぎ》ミサのあと、『神《かみ》の愛《あい》の宣教者会《せんきょうしゃかい》』本部《ほんぶ》（マザーハウス）にもどるマザーの棺《ひつぎ》を見送《みおく》る、数万人《すうまんにん》ともいわれる人《ひと》びとが、沿道《えんどう》にあふれました。

マザー・テレサの遺体《いたい》は、遺言《ゆいごん》どおり本部《ほんぶ》の1階《かい》に埋葬《まいそう》されました。

マザーハウスには、いまも世界中《せかいじゅう》から、たくさんの人《ひと》がマザーに会《あ》いにくるそうです。


2016年《ねん》9月4日《がつよっか》、マザー・テレサは、フランシスコ教皇《きょうこう》から、カトリック教会《きょうかい》でもっとも尊敬《そんけい》される「聖人《せいじん》」とみとめられました。

亡《な》くなってからほぼ19年《ねん》がたっていましたが、いろいろな決《き》まりがあるなかで、特《とく》別《べつ》な早《はや》さだということです。それだけ、マザー・テレサの、まずしい人《ひと》びとへの活動《かつどう》が、特別《とくべつ》に美《うつく》しいこと、よいことだったとみとめられたのでしょう。

9月4日《がつよっか》、ローマカトリック教会《きょうかい》のフランシスコ教皇《きょうこう》は、バチカンの、サン・ピエトロ広場《ひろば》に集《あつ》まった約《やく》12万人《まんにん》もの信者《しんじゃ》を前《まえ》に、

「カルカッタのテレサを聖人《せいじん》に列《れっ》する。」

と、宣言《せんげん》しました。教皇《きょうこう》は、

「いつくしみの心《こころ》は、絶望《ぜつぼう》の闇《やみ》の中《なか》に生《い》きるまずしい人《ひと》びとをてらす、希望《きぼう》の光《ひかり》だった……。」

と、マザー・テレサの功績《こうせき》をたたえ、それから、

「マザー・テレサは、あまりに身近《みぢか》な人《ひと》で、『聖《せい》テレサ』とはよびにくい。これからも私《わたし》たちは彼女《かのじょ》のことを、『マザー・テレサ』とよびつづけるだろう。」

と話《はな》しました。

マザー・テレサの、おしみなき愛《あい》と献身《けんしん》の生涯《しょうがい》は、世界《せかい》の人《ひと》びとの心《こころ》からわすれられることはないでしょう。


（終《お》わり）

マザー・テレサの年表《ねんぴょう》

年代《ねんだい》	年齢《ねんれい》	できごと	世《よ》の中《なか》の動《うご》き
1910（明治《めいじ》43）	0歳《さい》	8月《がつ》26日《にち》、熱心《ねっしん》なキリスト教《きょう》（カトリック）信者《しんじゃ》の両親《りょうしん》のもと、現在《げんざい》のマケドニアのスコピエに生《う》まれる。名前《なまえ》はアグネス。	
1914（大正《たいしょう》3）			第一次世界大戦始《だいいちじせかいたいせんはじ》まる。
1920（大正《たいしょう》9）			国際連盟《こくさいれんめい》が発足《ほっそく》。
1922（大正《たいしょう》11）	12歳《さい》	はじめて、神《かみ》さまと出会《であ》う体験《たいけん》をする。	
1927（昭和《しょうわ》2）	17歳《さい》	「一生《いっしょう》を神《かみ》にささげ、まずしい人《ひと》びとのためにはたらこう。」と決心《けっしん》する。	
1928（昭和《しょうわ》3）	18歳《さい》	9月《がつ》、アイルランドのダブリンへ行《い》き、ロレット修道会《しゅうどうかい》に入会《にゅうかい》する。10月《がつ》、修道名《しゅうどうめい》をテレサとする。インドに派遣《はけん》される。	
1929（昭和《しょうわ》4）	19歳《さい》	1月《がつ》、カルカッタ到着《とうちゃく》。ダージリンのロレット修道院《しゅうどういん》で修練《しゅうれん》を積《つ》む。	世界恐慌《せかいきょうこう》が起《お》こる。

１９３１（昭和《しょうわ》6）	21歳《さい》	5月《がつ》、誓願《せいがん》（神《かみ》への誓《ちか》い）を立《た》て、修道女《しゅうどうじょ》になる。カルカッタの聖《せい》マリア女子中等学院《じょしちゅうとうがくいん》で地理《ちり》などを教《おし》えはじめる（１９４６年《ねん》まで）。	
１９３７（昭和《しょうわ》12）	27歳《さい》	終生誓願《しゅうせいせいがん》を立《た》てる。これ以降《いこう》、「マザー・テレサ」とよばれる。	
１９３９（昭和《しょうわ》14）			第二次世界大戦始《だいにじせかいたいせんはじ》まる。
１９４５（昭和《しょうわ》20）			国際連合《こくさいれんごう》が発足《ほっそく》。
１９４６（昭和《しょうわ》21）	36歳《さい》	9月10日《がつとおか》、決意《けつい》の日《ひ》。カルカッタのスラムではたらくことをペリエ大司教《だいしきょう》にねがいでる。この願《ねが》いはローマ教皇《きょうこう》に送《おく》られる。	日本国憲法公布《にほんこくけんぽうこうふ》。
１９４７（昭和《しょうわ》22）			インドが独立《どくりつ》する。
１９４８（昭和《しょうわ》23）	38歳《さい》	8月《がつ》、ローマ教皇《きょうこう》からのゆるしをもらう。青《あお》い線《せん》の入《はい》った白《しろ》いサリーを身《み》にまとい、パトナへ行《い》って看護《かんご》を学《まな》ぶ。12月《がつ》、スラムでの学《がっ》校開設《こうかいせつ》の認可《にんか》を得《え》る。	インド独立《どくりつ》の父《ちち》、ガンジーが暗殺《あんさつ》される。
１９５０（昭和《しょうわ》25）	40歳《さい》	10月《がつ》、新《あたら》しい修道会《しゅうどうかい》『神《かみ》の愛《あい》の宣教者会《せんきょうしゃかい》』の活動《かつどう》が、ペリエ大司教《だいしきょう》からゆるされる。	朝鮮戦争《ちょうせんせんそう》が起《お》こる。

1952（昭和《しょうわ》27）	42歳《さい》	〈死《し》を待《ま》つ人《ひと》の家《いえ》〉をつくる。	
1955（昭和《しょうわ》30）	45歳《さい》	〈孤児《こじ》の家《いえ》〉をつくる。	
1959（昭和《しょうわ》34）	49歳《さい》	1月《がつ》、ハンセン病患者《びょうかんじゃ》のための専門《せんもん》の診療所《しんりょうじょ》をチタガールにつくる。5月《がつ》、ラーンチーとデリーに修道院《しゅうどういん》をつくる。	
1963（昭和《しょうわ》38）	53歳《さい》	『神《かみ》の愛《あい》の宣教者会《せんきょうしゃかい》』に男子修道会《だんししゅうどうかい》がつくられる。	
1964（昭和《しょうわ》39）			オリンピック東京大会《とうきょうたいかい》が開《ひら》かれる。
1965（昭和《しょうわ》40）	55歳《さい》	2月《がつ》、『神《かみ》の愛《あい》の宣教者会《せんきょうしゃかい》』にローマ教皇《きょうこう》の認可《にんか》がおりる。これより世界《せかい》の各地《かくち》に修道会《しゅうどうかい》の施設《しせつ》をつくる。	
1968（昭和《しょうわ》43）	58歳《さい》	3月《がつ》、西《にし》ベンガル州《しゅう》に、ハンセン病患者《びょうかんじゃ》が自給自足《きゅうじそく》のくらしができる〈平和《へいわ》の村《むら》〉を開設《かいせつ》する。	
1970（昭和《しょうわ》45）	60歳《さい》	ヨーロッパとアメリカの志願者《しがんしゃ》のために、ロンドンに修練院《しゅうれんいん》を開《ひら》く。	

1971(昭和《しょうわ》46)	61歳《さい》	ヨハネ23世《せい》教皇《きょうこう》平和賞《へいわしょう》をパウロ6世《せい》より受《じゅ》賞《しょう》。	
1976(昭和《しょうわ》51)	66歳《さい》	11月《がつ》、シンガポールで開《ひら》かれた、「アジア宗《しゅう》教者平和会議《きょうしゃへいわかいぎ》」で講演《こうえん》を行《おこな》う。	
1979(昭和《しょうわ》54)	69歳《さい》	5月《がつ》、映画《えいが》「マザー・テレサとその世界《せかい》」公《こう》開《かい》。12月10日《がつとおか》、ノーベル平和賞受賞《へいわしょうじゅしょう》。	
1981(昭和《しょうわ》56)	71歳《さい》	3月《がつ》、東京《とうきょう》でマザー・テレサの写真展《しゃしんてん》が開《かい》催《さい》。4月《がつ》、講師《こうし》として来日《らいにち》。5月《がつ》、東京《とうきょう》にシスターを派遣《はけん》し、『神《かみ》の愛《あい》の宣教者会《せんきょうしゃかい》』の修《しゅう》道院《どういん》を開設《かいせつ》する。	
1982(昭和《しょうわ》57)	72歳《さい》	4月《がつ》、2度目《どめ》の来日《らいにち》。	
1984(昭和《しょうわ》59)	74歳《さい》	11月《がつ》、3度目《どめ》の来日《らいにち》。	
1986(昭和《しょうわ》61)	76歳《さい》	愛知県《あいちけん》に『神《かみ》の愛《あい》の宣教者会《せんきょうしゃかい》』を開《ひら》く。	
1990(平成《へいせい》2)			湾岸戦争《わんがんせんそう》が起《お》こる。
1997(平成《へいせい》9)	87歳《さい》	9月5日《がついつか》(日本時間《にほんじかん》6日《むいか》)、多臓器不全《たぞうきふぜん》のためカルカッタで亡《な》くなる。	

解説《かいせつ》

マザー・テレサと神《かみ》の子《こ》

望月正子《もちづきまさこ》

インドを旅行《りょこう》して

マザー・テレサの半生《はんせい》を書《か》きすすめながら、わたしは、1982年《ねん》にたずねた、インドの町《まち》の雑踏《ざっとう》を思《おも》いだしていました。

そのころ、わたしはマザーのことを、ノーベル平和賞《へいわしょう》を受《う》けた、まずしい人《ひと》びとのためにインドではたらく修道女《しゅうどうじょ》というだけで、まだよく知《し》りませんでした。ですから、はだしで、「おめぐみを。」と手《て》をさしだす子《こ》どもたちの表情《ひょうじょう》の明《あか》るさに、文化《ぶんか》のちがいを思《おも》っても、それほど悲惨《ひさん》さを感《かん》じませんでした。でもいまは、あの人《ひと》びとのなかではたらいているマザーの姿《すがた》を、想像《そうぞう》することができます。

マザー・テレサを語《かた》るとき、インドの社会《しゃかい》のしくみをぬきにしては、語《かた》れません。それが、マザーの言《い》う、「まずしい者《もの》のなかの、もっともまずしい人《ひと》びと」をつくりだしたしくみだからです。

わたしが旅行中《りょこうちゅう》、こんなことがありました。アグラのタージ・マハル観光《かんこう》のため、デリーのホテルを朝《あさ》まだ暗《くら》いうちに出《で》たわたしたちのバスは、途中《とちゅう》、横転《おうてん》しているトラックにあいました。積《つ》み荷《に》のとうがん（瓜科《うりか》の野菜《やさい》）が道《みち》いっぱいに散《ち》らばり、バスもすれちがえないのに、運転手《うんてんしゅ》は、かたづけるどころか、折《お》りたたみ式《しき》のベッドを道《みち》ばたに出《だ》してねていました。でも、バスの運転手《うんてんしゅ》はすこしもあわてず、道《みち》のわきの植《う》えこみをふみたおしながら、トラックをよけてすりぬけ、そのままアグラへ向《む》かいました。

その日《ひ》の帰《かえ》り、もうまっ暗《くら》になっているというのに、事故現場《じこげんば》は朝《あさ》のまま、運転手《うんてんしゅ》は腕組《うでぐ》みをしてベッドに腰《こし》かけていました。

インドに着《つ》いて以来《いらい》、さまざまな不思議《ふしぎ》に出会《であ》いましたが、これにはびっくりしました。これが、カーストというインドの身分制度《みぶんせいど》から起《お》きてくることだと知《し》ったのはあとになってからでした。

カーストとは、紀元前《きげんぜん》1000年《ねん》ごろ、ガンジス川上流《がわじょうりゅう》に住《す》みついたアーリア人《じん》が、司祭者《しさいしゃ》（僧《そう》）をバラモン、王族《おうぞく》や武士《ぶし》をクシャトリア、庶民《しょみん》をバイシャ、征服《せいふく》された先住民《せんじゅうみん》（奴隷《どれい》にされた）をシュードラと、4つの身分《みぶん》に区別《くべつ》したことに始《はじ》まったといいます。

この4つの身分《みぶん》は、ヒンズー教《きょう》が宗教《しゅうきょう》としての形《かたち》をととのえていくのと並行《へいこう》して、それぞれの階級《かいきゅう》が、さらに細《こま》かく分《わ》けられ、ジャーティとよばれる、生《う》まれが同《おな》じ者《もの》の集団《しゅうだん》をつくっていきました。ジャーティは、職業《しょくぎょう》により集《あつ》まることが多《おお》く、その数《かず》は2000とも3000ともいわれ、それぞれ、4つの身分《みぶん》のいずれかにふくまれています。

ところが、4つの身分《みぶん》の外《そと》に、はじきだされたジャーティもありました。

これが、アウト・カーストとかアンタッチャブルとかよばれ、差別《さべつ》された人《ひと》びとで、これこそ、マザーの言《い》う、「まずしい者《もの》のなかの、もっともまずしい人《ひと》びと」だったのです。

いまインドでカーストといえば、このジャーティの集団《しゅうだん》を指《さ》します。蛇使《へびつか》いは蛇使《へびつか》いのジャーティ（またはカースト）というように、その身分《みぶん》を分《わ》けられ、代々《だいだい》その仕《し》事《ごと》を受《う》けつぎました。また、結婚《けっこん》も、同《おな》じカースト以外《いがい》はゆるされませんでした。

「インド独立《どくりつ》の父《ちち》」といわれたマハトマ・ガンジーは、もっとも差別《さべつ》されているアウト・カーストの人《ひと》びとを「神《かみ》の子《こ》（ハリジャン）」とよんで、その解放《かいほう》と救済《きゅうさい》をうったえました。そのために、獄中《ごくちゅう》で3週間《しゅうかん》も断食《だんじき》をした話《はなし》は、よく知《し》られています。

そういえば、マザー・テレサも、「もっともまずしい者《もの》は神《かみ》」と言《い》いました。宗教《しゅうきょう》も人種《じんしゅ》も立場《たちば》もちがうガンジーとマザーが、もっともしいたげられている人《ひと》びとを、同《おな》じように「神《かみ》」とよび、すくいの手《て》をさしのべていたのです。

このアウト・カーストは、1947年《ねん》インド共和国《きょうわこく》として独立後《どくりつご》につくられたインド憲法《けんぽう》で、禁《きん》じられました。けれど、ヒンズー教《きょう》と深《ふか》くかかわり、職業《しょくぎょう》とむすびつき、長《なが》いあいだつづいてきたカーストそのものがなくなったわけではありません。地方地方《ちほうちほう》で言葉《ことば》がちがい、民族《みんぞく》がちがい、宗教《しゅうきょう》もちがったりするこの国《くに》の多様《たよう》さを、ひとつにまとめているのがカーストだともいわれます。地方《ちほう》によって呼《よ》び方《かた》はちがっても、カーストの位置《いち》づけは共通《きょうつう》というわけです。

ところで、わたしの見《み》たトラック横転事故《おうてんじこ》ですが、運転手《うんてんしゅ》が手出《てだ》しをしないのは、運転《うんてん》する人《ひと》、荷物《にもつ》の積《つ》みおろしをする人《ひと》、事故処理《じこしょり》をする人《ひと》と、それぞれカーストがちがい、役割《やくわり》が分《わ》けられているからということです。人口《じんこう》の多《おお》いインドで、カーストは、仕事《しごと》を分《わ》けあい、ほかの人《ひと》の仕事《しごと》をおかさないという意味《いみ》もあったようです。

神《かみ》の愛《あい》の運《はこ》びやさん

マザー・テレサが、神《かみ》の愛《あい》をつたえようと、わたったころのインドは、イギリスの植民地《しょくみんち》で、それに抵抗《ていこう》する民族運動《みんぞくうんどう》もさかんでした。

その先頭《せんとう》に立《た》っていたのがマハトマ・ガンジーです。ガンジーは、非暴力《ひぼうりょく》という、「けっして暴力《ぼうりょく》を使《つか》わない」ことを力《ちから》として、支配者《しはいしゃ》イギリスとたたかいました。

マザーのはたらくカルカッタは、17世紀末《せいきまつ》から、イギリスのインド進出《しんしゅつ》の拠点《きょてん》として発達《はったつ》し、イギリスとインドの支配者《しはいしゃ》たちの、金《かね》もうけの場《ば》、経済《けいざい》の中心地《ちゅうしんち》になりました。それと同時《どうじ》に、農村地帯《のうそんちたい》から、仕事《しごと》をもとめる人《ひと》びとが集《あつ》まってきて、町《まち》のまわりに住《す》みつき、スラムをつくりあげていきました。

イギリス領《りょう》となってからは、その首都《しゅと》として、ますます金持《かねも》ちの集《あつ》まるところとなり、それにつれてスラムも大《おお》きくなりました。カルカッタは、富《とみ》とまずしさがきわだつ大都市《だいとし》になっていったのです。

そんなカルカッタに、たったひとりでマザーは出《で》かけていきました。18歳《さい》の少女《しょうじょ》を、そこまでつきうごかしたのは、神《かみ》への愛《あい》と信頼《しんらい》でした。

マザーが信《しん》じたのは、神《かみ》の子《こ》イエスの教《おし》えです。イエスは、人間《にんげん》の罪《つみ》をゆるすため、天地創造《てんちそうぞう》の神《かみ》がこの世《よ》につかわした救《すく》い主《ぬし》（キリスト）でした。

この救《すく》い主《ぬし》、つまりイエスの教《おし》えを、キリスト教《きょう》といいます。

キリスト教《きょう》は、パレスチナに起《お》こり、ローマ帝国《ていこく》の国教《こっきょう》となった宗教《しゅうきょう》ですが、ヨーロッパを中心《ちゅうしん》に、世界中《せかいじゅう》に広《ひろ》まりました。

マザーは、このキリスト教《きょう》のカトリック（旧教《きゅうきょう》）とよばれる宗派《しゅうは》の修道女《しゅうどうじょ》（シスター）を目指《めざ》したのです。カトリック信者《しんじゃ》の多《おお》い国《くに》では、その一家《いっか》から、神《かみ》に仕《つか》える修道士《しゅうどうし》（ブラザー）や修道女《しゅうどうじょ》を出《だ》すのを、ほこりに思《おも》っていましたから、マザーも、はげまされたにちがいありません。

マザーをむかえたインドは、ヒンズー教《きょう》の国《くに》でした。

ヒンズー教《きょう》は、はじめはバラモン教《きょう》とよばれていましたが、インドの民間信仰《みんかんしんこう》とむすびついて確立《かくりつ》された宗教《しゅうきょう》です。自然《しぜん》への信仰《しんこう》が基本《きほん》で、とくに開祖《かいそ》といわれる人《ひと》もなく、二大神《だいしん》のビシュヌ神《しん》やシヴァ神《しん》をはじめ、その妃《きさき》や子《こ》など、たくさんの神々《かみがみ》がいます。

インドには、ほかにも多《おお》くの宗教《しゅうきょう》がありますが、肉《にく》を食《た》べたり生《い》きものを殺《ころ》したりすることを禁《きん》じ、慈善《じぜん》、寛容《かんよう》といった心《こころ》の広《ひろ》さを教《おし》えるヒンズー教《きょう》は、ほかの宗教《しゅうきょう》に対《たい》しても、おおらかでした。けれど、インド独立《どくりつ》への戦《たたか》いのなかで、運動《うんどう》の分裂《ぶんれつ》をねらったイギリスが、イスラム教徒《きょうと》のあとおしをしたことや、もともと民族《みんぞく》のちがいもあって、ヒンズー教徒《きょうと》とイスラム教徒《きょうと》がはげしくあらそうようになりました。そして、イギリスから独立《どくりつ》を勝《か》ちとったときは、インド共和国《きょうわこく》とパキスタン・イスラム共《きょう》和国《わこく》のふたつの国《くに》に分《わ》かれてしまいました。それまで、入《い》りくんで住《す》んでいたヒンズー、イスラム、それぞれの教徒《きょうと》たちは、それぞれの新《あたら》しい祖国《そこく》を目指《めざ》して、大移動《だいいどう》しなくてはならず、その数《かず》は、1500万人《まんにん》といわれました。その後《ご》も、インドとパキスタンは争《あらそ》いをくりかえし、おおぜいの難民《なんみん》がカルカッタへ流《なが》れこんできました。

イギリスから、独立《どくりつ》を勝《か》ちとりさえすれば、インドのまずしさは解決《かいけつ》すると信《しん》じたガンジーたちの理想《りそう》も、実現《じつげん》しなかったのです。

ヒンズー教徒《きょうと》とイスラム教徒《きょうと》のこだわりを解《と》き、なかよくするよう、懸命《けんめい》にはたらいたガンジーは、独立《どくりつ》の次《つぎ》の年《とし》、狂信的《きょうしんてき》なヒンズー教徒《きょうと》に暗殺《あんさつ》されました。

人口《じんこう》の爆発的増加《ばくはつてきぞうか》により最悪《さいあく》の居住環境《きょじゅうかんきょう》といわれたカルカッタで、マザー・テレサは、死《し》にゆく人《ひと》の耳《みみ》もとで「あなたも大切《たいせつ》な人《ひと》。」と語《かた》りかけ、すて子《ご》をひろいあげ、「命《いのち》はいかすもの。」とほほえんできました。

カルカッタには、1988年《ねん》のいまもなお路上《ろじょう》でくらす人《ひと》が、40万人《まんにん》いるといわれます。地球《ちきゅう》を見《み》わたせば、毎日《まいにち》、4万人以上《まんにんいじょう》の子《こ》どもたちが、栄養不良《えいようふりょう》や病気《びょうき》で死《し》んでいくといわれます。

こういう現実《げんじつ》の前《まえ》に、マザーのしていることは、「外科手術《げかしゅじゅつ》が必要《ひつよう》な患者《かんじゃ》に包帯《ほうたい》をするだけではないか。」という批判《ひはん》もあるようです。けれど、マザーは言《い》います。

「わたしたちは、神《かみ》の愛《あい》の運《はこ》びやさんです。この世《よ》でもっともおそろしいまずしさは、孤独《こどく》なのですから。」と。

マザー・テレサの言葉《ことば》は、すべて、行動《こうどう》をともなっています。

1988年《ねん》4月《がつ》までに、マザー・テレサの修道会《しゅうどうかい》『神《かみ》の愛《あい》の宣教者会《せんきょうしゃかい》』の施設《しせつ》の数《かず》は、インドだけで150、そのほかの国《くに》に202か所《しょ》となりました。そこには、〈死《し》を待《ま》つ人《ひと》の家《いえ》〉や〈孤児《こじ》の家《いえ》〉など、さまざまな施設《しせつ》があって、2400人《にん》あまりのシスターと470人《にん》あまりの修練者《しゅうれんしゃ》が、マザーを助《たす》けてはたらいています。そのなかには、ふたりの日本人《にほんじん》シスターもいて、東京《とうきょう》と愛知県《あいちけん》にある修道院《しゅうどういん》で、マザーの愛《あい》をつたえています。

いま、マザー・テレサの半生《はんせい》をたどり終《お》えて、わたしは、インドのまずしさばかりを強調《きょうちょう》してしまったようで気《き》になります。ここでいま、日本《にっぽん》の8倍以上《ばいいじょう》の国土《こくど》と、豊《ゆた》かな地下資源《ちかしげん》をもち、時間《じかん》の流《なが》れさえゆったり感《かん》じるあの大《おお》きなインドのさまざまな魅力《みりょく》をつたえる紙面《しめん》はありません。ただ、わたしの短《みじか》い旅《たび》の経験《けいけん》でも、そうぞうしくも明《あか》るく、サソリとコブラ以外《いがい》は、わが身《み》をさす蚊《か》とも共存《きょうぞん》しようというおおらかな人《ひと》びとの、生《い》きる力《ちから》のあふれている国《くに》だと感《かん》じたことを書《か》きそえておきます。

この本《ほん》を書《か》くにあたり、マザー・テレサやインドに関《かん》する多《おお》くの本《ほん》を参考《さんこう》にさせていただきました。とくに、女子《じょし》パウロ会《かい》の白井詔子《しらいしょうこ》さん、写真家《しゃしんか》の沖守弘《おきもりひろ》さんには、貴重《きちょう》なお話《はなし》と資料《しりょう》を提供《ていきょう》していただきました。あつくお礼申《れいもう》しあげます。

『ノーベル平和賞《へいわしょう》に輝《かがや》く聖女《せいじょ》　マザー・テレサ』として、この本《ほん》が最初《さいしょ》に出版《しゅっぱん》されたのは、１９８８年《ねん》５月《がつ》でしたから、もう30年《ねん》も前《まえ》のことです。

その後《ご》、１９９７年《ねん》９月５日《がついつか》、世界中《せかいじゅう》をかけまわり、まずしい人《ひと》びとに愛《あい》の手《て》をさしのべつづけたマザーが亡《な》くなり、『神《かみ》の愛《あい》の宣教者会《せんきょうしゃかい》』をめぐる状況《じょうきょう》もずいぶんかわりました。

２０１５年《ねん》６月《がつ》23日《にち》、マザーのあとを引《ひ》きついだ総長《そうちょう》のシスター・ニルマラが病気《びょうき》で亡《な》くなり、その後《ご》はシスター・メアリー・プレマがつぎました。

『神《かみ》の愛《あい》の宣教者会《せんきょうしゃかい》』のシスターは５０００人《にん》あまり、ブラザーは４００人《にん》あまり、そして１３９か国《こく》、８８４か所《しょ》の施設《しせつ》で活動《かつどう》しています。

経済成長《けいざいせいちょう》がいちじるしいインドは、人口《じんこう》も13億人《おくにん》と増大《ぞうだい》、コルカタ（カルカッタ）には４５０万人《まんにん》がくらし、スラムに住《す》む人《ひと》も１４９万人《まんにん》とふえているようです。[1]

でも、学校《がっこう》に行《い》く子《こ》どももふえて、カーストによる職業差別《しょくぎょうさべつ》も、ＩＴ《アイティー》産業《さんぎょう》（コンピューターなどの情報《じょうほう》技術《ぎじゅつ》関係《かんけい》の仕事《しごと》）など、新《あたら》しい職業《しょくぎょう》がとくにさかんなこともあり、だいぶゆるくなってきたようです。

2003年《ねん》10月《がつ》、マザー・テレサは、ローマ教皇《きょうこう》により福者《ふくしゃ》（聖人《せいじん》に準《じゅん》ずるとみとめられた信徒《しんと》）に、2016年《ねん》9月《がつ》4日《よっか》には聖人《せいじん》に列《れっ》せられました。

『神《かみ》の愛《あい》の宣教者会《せんきょうしゃかい》』のシスターたちにより、これからもずっと、マザー・テレサの尊《とうと》い志《こころざし》は受《う》けつがれることでしょう。

今回《こんかい》の改訂《かいてい》にあたり、本文《ほんもん》のすべてをチェックしました。

新《あら》たな資料《しりょう》の提供《ていきょう》と、ご助言《じょげん》をいただいたイエズス会司祭《しさい》の片柳弘史《かたやなぎひろし》さんに心《こころ》より感謝《かんしゃ》いたします。

［1］インドの人口《じんこう》は2016年《ねん》のもの。コルカタと、そのスラムに住《す》む人口《じんこう》は2001年《ねん》のもの。

解説《かいせつ》

マザー・テレサとの出会《であ》い

片柳弘史《かたやなぎひろし》（イエズス会司祭《かいしさい》）

生《い》きているマザー・テレサ

わたしがマザー・テレサを知《し》ったのは、10歳《さい》のときでした。ある日《ひ》、テレビの画面《がめん》に、白《しろ》いサリーを着《き》た小柄《こがら》なおばあさんが、やせ細《ほそ》ったまずしい人《ひと》の口《くち》もとにスプーンで食《た》べものを運《はこ》んでいる姿《すがた》がうつしだされたのです。その姿《すがた》を見《み》て、わたしはとても感動《かんどう》しました。「世界中《せかいじゅう》にまずしい人《ひと》たちがいると聞《き》いて、かわいそうに思《おも》うけれど、わたしにはなにもしてあげられない。でもこの人《ひと》は、遠《とお》い国《くに》まで出《で》かけていって、まずしい人《ひと》たちのために奉仕《ほうし》している。ほんとうにすごいな。」と思《おも》ったのです。マザー・テレサというそのおばあさんの姿《すがた》は、子《こ》どもだったわたしの心《こころ》に深《ふか》くきざみつけられました。

大学生《だいがくせい》になったとき、父親《ちちおや》を病気《びょうき》で亡《な》くしたことがきっかけで、わたしは自分《じぶん》の人生《じんせい》についてなやむようになりました。どうしたら、たった一度《いちど》の人生《じんせい》を、悔《く》いなく生《い》きられるかと思《おも》ったのです。そのとき、ふっと思《おも》いだしたのがマザー・テレサのことでした。「子《こ》どものころに見《み》たマザー・テレサというおばあさんのように生《い》きられたら、きっと幸《しあわ》せにちがいない。」と思《おも》ったわたしは、本屋《ほんや》さんに行《い》き、世界《せかい》の偉人伝《いじんでん》の『マザー・テレサ』を買《か》ってきて読《よ》みはじめました。

読《よ》んでいるうちにわかったのは、日本《にっぽん》にもマザー・テレサのシスターたちがいて、ひとりぐらしのお年寄《としよ》りや病気《びょうき》の人《ひと》たちのためにはたらいているということでした。わたしは思《おも》いきってシスターの家《いえ》に電話《でんわ》し、「一度《いちど》、手《て》つだわせてください。」とおねがいしました。するとシスターは「ええ、いいですよ。」と気持《きも》ちよく受《う》けいれてくれました。電話《でんわ》のついでに、わたしはまえから気《き》になっていたことをシスターにたずねました。「シスター、マザー・テレサは何年《なんねん》に死《し》んだのですか。」すると、シスターは電話口《でんわぐち》で大《おお》わらいしました。なぜわらうのか、わたしが不思議《ふしぎ》に思《おも》っていると、シスターは言《い》いました。「だって、マザー・テレサはまだ生《い》きていますから。」その言葉《ことば》を聞《き》いて、わたしはびっくり仰天《ぎょうてん》しました。世界《せかい》の偉人伝《いじんでん》になっている人《ひと》がまだ生《い》きているなんて、思《おも》ってもいなかったからです。そしてすぐ心《こころ》の中《なか》で決心《けっしん》しました。「そんなすごい人《ひと》がまだ生《い》きているなら、インドまで会《あ》いにゆこう。」こうしてわたしは、生《い》きているマザー・テレサと出会《であ》うことになったのです。

自分《じぶん》にとってのコルカタ

リュックサックを背負《せお》ってインドのコルカタまで会《あ》いにいったわたしを、マザー・テレサは大《おお》よろこびでむかえいれてくれました。温《あたた》かくて大《おお》きな手《て》でわたしの手《て》をしっかりにぎりしめ、心《こころ》の底《そこ》からうれしそうにほほえみかけてくれたのです。いなかのおばあちゃんが、ひさしぶりに帰《かえ》ってきた孫《まご》を出《で》むかえるような、そんなようすで

学生時代《がくせいじだい》の片柳神父《かたやなぎしんぷ》とマザー・テレサ。

した。「自分《じぶん》こそ、マザー・テレサから世界《せかい》でいちばん愛《あい》されている。」、マザーと出会《であ》った人《ひと》たちはみな、口《くち》をそろえて言《い》います。わたしも、そんな気持《きも》ちになりました。

キリスト教《きょう》では「愛《あい》する」ということを大切《たいせつ》にします。「愛《あい》する」とは、マザー・テレサにとって、目《め》の前《まえ》にいる人《ひと》を大切《たいせつ》にするということでした。マザー・テレサと出会《であ》って、大《おお》きな手《て》の温《ぬく》もりを感《かん》じ、笑顔《えがお》に力《ちから》づけられた人《ひと》たちはみな、「マザー・テレサがわたしのことをこんなに大切《たいせつ》にしてくれるんだから、もう一度《いちど》がんばってみよう。」という気持《きも》ちになりました。いろいろなつらいことがあって、「自分《じぶん》なんか生《う》まれてこなかったほうがよかった。」という気持《きも》ちになっているまずしい人《ひと》たちでさえ、もう一度《いちど》、立《た》ちあがって生《い》きる力《ちから》をあたえられたのです。

イエス・キリストという人《ひと》がしたのも、そういうことだったように思《おも》います。いまから2000年《ねん》ほどまえのパレスチナに生《う》まれたイエス・キリストは、当時《とうじ》の世《よ》の中《なか》で差別《さべつ》され、苦《くる》しい思《おも》いをしていたまずしい人《ひと》たちのところに出《で》かけてゆき、その人《ひと》たちの手《て》をしっかりとにぎりしめながら、「あなたたちこそ、神《かみ》さまの子《こ》どもなんですよ。」と語《かた》りかけました。いじめられ、苦《くる》しめられ、まるで牛《うし》や馬《うま》のようにはたらかされていたまずしい人《ひと》たちはみんな、涙《なみだ》を流《なが》してよろこびました。そんなにやさしい言葉《ことば》を、生《う》まれてはじめてかけてもらったからです。「神《かみ》さまの子《こ》ども」として生《い》きる希望《きぼう》と力《ちから》をあたえられた人《ひと》たちは、みなイエス・キリストと同《おな》じ心《こころ》で生《い》きたいとねがい、イエス・キリストのまわりに集《あつ》まりました。こうして、キリスト教《きょう》という宗《しゅう》教《きょう》が始《はじ》まったのです。マザー・テレサは、2000年《ねん》の時《とき》をこえて、インドの地《ち》でイエス・キリストと同《おな》じことをした人《ひと》だと思《おも》ったらいいでしょう。

パレスチナやインドだけではありません。いまの日本《にっぽん》にも、まずしい人《ひと》たちはいます。「日本《にっぽん》に、おなかをすかせて死《し》んでゆく人《ひと》はほとんどいない。」と思《おも》う人《ひと》もいるかもしれません。ですが、マザー・テレサは「世界《せかい》でいちばんひどいまずしさ。それは、自分《じぶん》がだれからも必要《ひつよう》とされていないと感《かん》じることです。」と言《い》っています。どんなにお金《かね》があって、りっぱな家《いえ》に住《す》んでいたとしても、「自分《じぶん》なんかだれからも必《ひつ》要《よう》とされていない。生《う》まれてこないほうがよかった。」と思《おも》っているなら、その人《ひと》たちこそ、愛《あい》に飢《う》えたまずしい人《ひと》たちなのです。そのような意味《いみ》でのまずしい人《ひと》たちは、日本《にっぽん》にもたくさんいるのではないでしょうか。

いまわたしは、本州《ほんしゅう》の端《はし》にある山口県《やまぐちけん》というところで、神父《しんぷ》としてはたらいています。マザー・テレサから「あなたは神父《しんぷ》になりなさい。」とすすめられたからです。教会《きょうかい》や幼稚園《ようちえん》、老人《ろうじん》ホーム、刑務所《けいむしょ》などをまわって歩《ある》き、「みなさんは、神《かみ》さまから愛《あい》された、ほんとうにかけがえのない命《いのち》なんですよ。」とつたえるのがわたしのつとめです。「まずしい人《ひと》たちがいるところは、世界中《せかいじゅう》どこでも、神《かみ》さまの愛《あい》を運《はこ》ぶべきコルカタなのですよ。」とマザー・テレサは言《い》っていました。いまのわたしにとって、山口県《やまぐちけん》というこの場所《ばしょ》こそがコルカタです。みなさんのまわりにも、きっとコルカタはあります。みなさんが自分《じぶん》のコルカタを見《み》つけ、小《ちい》さなマザー・テレサになれるよう、心《こころ》からお祈《いの》りしています。

本書《ほんしょ》は講談社《こうだんしゃ》火《ひ》の鳥《とり》伝記《でんき》文庫《ぶんこ》『マザー・テレサ』（1988年《ねん》5月《がつ》17日《にち》初版《しょはん》）を底本《ていほん》に、新《あたら》しい資料《しりょう》に基《もと》づいて内容《ないよう》の改訂《かいてい》を行《おこな》い、一部《いちぶ》の文字《もじ》づかい、表現《ひょうげん》などを読《よ》みやすくあらためたものです。作者《さくしゃ》の望月正子《もちづきまさこ》氏《し》による「解説《かいせつ》」は旧版《きゅうはん》のものを一部《いちぶ》改訂《かいてい》して再録《さいろく》しました。片柳弘史《かたやなぎひろし》氏《し》による「解説《かいせつ》」は新装版《しんそうばん》に寄稿《きこう》されたものです。

人道的《じんどうてき》な活動《かつどう》を行《おこな》った偉人《いじん》たち

戦場《せんじょう》で多《おお》くの
傷兵《しょうへい》をすくった

ナイチンゲール

1820-1910年《ねん》

イギリスの上流階級《じょうりゅうかいきゅう》の家《いえ》に生《う》まれ、なに不自由《ふじゆう》なく育《そだ》ち、豊《ゆた》かな教養《きょうよう》を身《み》につけた。

当時《とうじ》のイギリスでは、上流階級《じょうりゅうかいきゅう》の人《ひと》びとが、くらしにこまっている人《ひと》にほどこしをするのが義務《ぎむ》とされていたので、ナイチンゲールも母親《ははおや》といっしょにまずしい人《ひと》や病《びょう》気《き》の人《ひと》をたずねていた。しかし、しだいに疑問《ぎもん》をもつようになる。ほどこしは一時的《いちじてき》なもので、問題《もんだい》を大本《おおもと》から解決《かいけつ》することにはならないと思《おも》ったのだ。そしてあるとき、「世《よ》の中《なか》のためになる、とうとい仕事《しごと》をすることだ。」という神《かみ》の声《こえ》を聞《き》く。

なにをすればいいのかわからない日々《ひび》をこえ、24歳《さい》のとき、病人《びょうにん》の看護《かんご》の仕事《しごと》につくことを決心《けっしん》し、家族《かぞく》の猛反対《もうはんたい》をおしきって看護師《かんごし》になるための勉強《べんきょう》を始《はじ》めた。

34歳《さい》のとき、過酷《かこく》なクリミア戦争《せんそう》の地《ち》へ行《い》き、兵士《へいし》たちの看護《かんご》をして「クリミアの天使《てんし》」とよばれた。その後《ご》は、病院施設《びょういんしせつ》の改善《かいぜん》や、看護師《かんごし》の教育《きょういく》に一生《いっしょう》をささげた。

赤十字《せきじゅうじ》の創立者《そうりつしゃ》

デュナン

1828－1910年《ねん》

スイスのジュネーブの生《う》まれ。名門《めいもん》の裕《ゆう》福《ふく》な家庭《かてい》で育《そだ》った。両親《りょうしん》とも熱心《ねっしん》なキリスト教徒《きょうと》で、父親《ちちおや》は議員《ぎいん》と孤児院《こじいん》の所長《しょちょう》をつとめ、母親《ははおや》も福祉活動《ふくしかつどう》を行《おこな》っていた。

名門大学《めいもんだいがく》に入《はい》ったが、中退《ちゅうたい》して慈善団体《じぜんだんたい》ではたらくようになる。20歳《さい》をすぎて銀行《ぎんこう》員《いん》となり、仕事《しごと》のかたわらYMCA《ワイエムシーエー》（キリスト教青年会《きょうせいねんかい》）の活動《かつどう》に参加《さんか》。27歳《さい》のときに、フランスのパリで世界《せかい》YMCA《ワイエムシーエー》同盟《どうめい》をつくり、国際的《こくさいてき》な組織《そしき》にした。

31歳《さい》のとき、北《きた》イタリアでソルフェリーノの戦《たたか》いにまきこまれる。クリミア戦争《せんそう》でのナイチンゲールを思《おも》いだし、1週間《しゅうかん》のあいだ、不眠不休《ふみんふきゅう》で傷《きず》ついた兵士《へいし》を看護《かんご》した。その体験《たいけん》から、次《つぎ》のように考《かんが》えた。

「けがをして武器《ぶき》を持《も》っていない者《もの》は、もはや兵士《へいし》ではない。戦場《せんじょう》をはなれたひとりの人間《にんげん》として、その命《いのち》を守《まも》ってあげなければならない。」

そのために、国際的《こくさいてき》な団体《だんたい》をつくることを決意《けつい》。1863年《ねん》、35歳《さい》のとき、ジュネーブで「赤十字国際委員会《せきじゅうじこくさいいいんかい》」が結成《けっせい》され、デュナンの願《ねが》いはかなった。1901年《ねん》、第《だい》1回《かい》ノーベル平和賞《へいわしょう》を受賞《じゅしょう》した。

三重苦《さんじゅうく》を克服《こくふく》して
福祉活動家《ふくしかつどうか》に

ヘレン・ケラー

1880－1968年《ねん》

アメリカのアラバマ州《しゅう》の生《う》まれ。両親《りょうしん》とも南部《なんぶ》の名家《めいか》の出身《しゅっしん》だった。

1歳《さい》7か月《げつ》のときに病気《びょうき》で高熱《こうねつ》を出《だ》し、視力《しりょく》と聴力《ちょうりょく》をうしない、話《はな》すこともできなくなる。6歳《さい》のとき、当時《とうじ》20歳《さい》のアン・サリバンが、家庭教師《かていきょうし》としてやってきて、わがままに育《そだ》っていたヘレンに、しつけを教《きょう》育《いく》するとともに、指《ゆび》で文字《もじ》を表《あらわ》すこと、身《み》の回《まわ》りのものに名前《なまえ》があることを教《おし》えた。おかげで、ヘレンは文字《もじ》と言葉《ことば》をおぼえ、のちには発声《はっせい》の訓練《くんれん》にもとりくんだ。

サリバン先生《せんせい》にささえられながら、パーキンス盲学校《もうがっこう》やろう学校《がっこう》で勉強《べんきょう》し、さらに大学《だいがく》に進《すす》んで高《たか》い教養《きょうよう》を身《み》につける。大学《だいがく》卒業後《そつぎょうご》は、社会《しゃかい》への恩返《おんがえ》しとして福祉活動《ふくしかつどう》を始《はじ》めた。それだけでなく、さまざまな政《せい》治活動《じかつどう》にも参加《さんか》する。女性《じょせい》が政治《せいじ》に参加《さんか》する権利《けんり》をもとめたり、人種差別《じんしゅさべつ》や死刑制《しけいせい》度《ど》、戦争《せんそう》に反対《はんたい》する活動《かつどう》を行《おこな》ったりした。その思想《しそう》が危険視《きけんし》され、ＦＢＩ《エフビーアイ》（連邦捜査《れんぽうそうさ》局《きょく》）から監視《かんし》されていたという。

当時《とうじ》としてはとても進《すす》んだ考《かんが》えのもち主《ぬし》だったといえよう。日本《にっぽん》にも3度《ど》やってきて、講演《こうえん》などを行《おこな》っている。

音楽《おんがく》を愛《あい》した孤高《ここう》の医師《いし》

シュバイツァー

1875-1965年《ねん》

ドイツ領《りょう》だったフランスのアルザス地方《ちほう》の生《う》まれ。父親《ちちおや》は牧師《ぼくし》で、家《いえ》は裕福《ゆうふく》だった。医学《いがく》、哲学《てつがく》、音楽《おんがく》、神学《しんがく》と、幅広《はばひろ》い学問《がくもん》を身《み》につけたが、考《かんが》えや行動《こうどう》の基本《きほん》にあったのは、人間《にんげん》はもちろん、命《いのち》あるもののすべてに愛《あい》をそそぐこと。そのきっかけとなったのは、子《こ》どものころの同級生《どうきゅうせい》とのけんかだった。体《からだ》の大《おお》きいシュバイツァーは圧倒的《あっとうてき》に強《つよ》く、けんかに勝《か》ったが、相手《あいて》に「おまえのように肉《にく》が食《た》べられたら、おれは負《ま》けはしない。」と言《い》われて、ショックを受《う》けたという。「同《おな》じ人間《にんげん》なのに、なぜ自分《じぶん》だけがめぐまれているのだろう。」

そこから人道的《じんどうてき》な思想《しそう》がめばえ、「世界《せかい》にはいろいろな身《み》の上《うえ》の人《ひと》、さまざまな人《じん》種《しゅ》の人《ひと》がいるが、みな平等《びょうどう》である。差別《さべつ》してはならない。」と考《かんが》えるようになった。

医師《いし》としての勉強《べんきょう》を始《はじ》めたのは30歳《さい》をすぎてから。そして、まだほとんど医学《いがく》が知《し》られていないアフリカの奥地《おくち》で、キリスト教《きょう》の伝道《でんどう》と医療活動《いりょうかつどう》を行《おこな》った。資金《しきん》がなくなると、得意《とくい》なパイプオルガンの演奏会《えんそうかい》や講演会《こうえんかい》を開《ひら》いてお金《かね》を集《あつ》めた。1952年《ねん》、ノーベル平和賞《へいわしょう》を受賞《じゅしょう》した。

著者紹介

望月正子　もちづき まさこ

児童文学作家。1938年静岡県生まれ。日本児童文学者協会、日本民話の会会員。ノンフィクションと創作、民話で活躍する。著書に『世界をみつめる目になって よかったね、モハマドくん』『トンボの国をまもる 桶ケ谷沼の人びと』『たんぽぽおばさんの旅』『海太の夏 ウミガメ通信』『がんばれぼくのクレーンしゃ』など。

画家紹介

丹地陽子　たんじ ようこ

イラストレーター。三重県生まれ。東京芸術大学美術学部デザイン学科卒業。書籍のカバー、挿絵、雑誌のイラストを数多く手がけている。作品に「金椛国春秋」シリーズ（篠原悠希）、「黒猫」シリーズ（森晶麿）、『夏の祈りは』（須賀しのぶ）、「鯖猫《さばねこ》長屋ふしぎ草紙」シリーズ（田牧大和）、『明治・妖《あやかし》 モダン』（畠中恵）など。

協力・解説者紹介

片柳弘史　かたやなぎ ひろし

カトリック・イエズス会司祭。1971年埼玉県生まれ。慶應義塾大学法学部法律学科卒業。1994～95年カルカッタのマザー・テレサの施設でボランティアをし、マザーから神父になることを勧められる。マザー・テレサに関する著書多数。

P.23『惜別』日本語訳――香寿《かず》レシュニコフスカ
日本語テキスト監修――石川真理香《いしかわまりか》
人物伝執筆――八重野充弘《やえのみつひろ》
人物伝イラスト――光安知子《みつやすともこ》
口絵写真（肖像）――沖《おき》 守弘《もりひろ》
（サイン）――片柳弘史《かたやなぎひろし》
編集――オフィス303

講談社 火の鳥伝記文庫　12

マザー・テレサ（新装版《しんそうばん》）
望月正子《もちづきまさこ》 文

1988年 5 月17日　第1刷発行
2017年 5 月22日　第45刷発行
2018年 3 月20日　新装版第1刷発行
2021年 8 月 4 日　新装版第3刷発行

発行者――――――鈴木章一
発行所――――――株式会社 講談社
東京都文京区音羽2-12-21　郵便番号112-8001
電話　編集（03）5395-3536
販売（03）5395-3625
業務（03）5395-3615

ブックデザイン――――祖父江 慎＋福島よし恵（コズフィッシュ）
印刷・製本――――図書印刷株式会社
本文データ制作――――講談社デジタル製作

N.D.C. 289　210p　18cm
Printed in Japan
ISBN978-4-06-149925-6

講談社《こうだんしゃ》 火《ひ》の鳥《とり》伝記《でんき》文庫《ぶんこ》 新装版《しんそうばん》によせて

火《ひ》の鳥《とり》は、世界中《せかいじゅう》の神話《しんわ》や伝説《でんせつ》に登場《とうじょう》する光《ひかり》の鳥《とり》です。灰《はい》のなかから何度《なんど》でもよみがえり、永遠《えいえん》の命《いのち》をもつといわれています。

伝記《でんき》に描《えが》かれている人々《ひとびと》は、人類《じんるい》や社会《しゃかい》の発展《はってん》に役立《やくだ》つすばらしい成果《せいか》を後世《こうせい》に残《のこ》した人々《ひとびと》です。みなさんにとっては、遠《とお》くまぶしい存在《そんざい》かもしれません。しかし、かれらがかんたんに成功《せいこう》したのではないことは、この本《ほん》を読《よ》むとよくわかります。

一生懸命《いっしょうけんめい》取《と》り組《く》んでもうまくいかないとき、自分《じぶん》のしたいことがわからないとき、そして将来《しょうらい》のことを考《かんが》えるとき、みなさんを励《はげ》ましてくれるのは、先《さき》を歩《ある》いていった先輩《せんぱい》たちの努力《どりょく》するすがたや、失敗《しっぱい》の数々《かずかず》です。火《ひ》の鳥《とり》はかれらのなかにいて、くじけずチャレンジする力《ちから》となったのです。

伝記《でんき》のなかに生《い》きる人々《ひとびと》を親《した》しく感《かん》じるとき、みなさんの心《こころ》のなかに火《ひ》の鳥《とり》が羽《は》ばたいて将来《しょうらい》への希望《きぼう》を感《かん》じられることを願《ねが》い、この本《ほん》を贈《おく》ります。

2017年《ねん》10月《がつ》

講談社《こうだんしゃ》

マザー・テレサ